Lutte armée grecque contemporaine

Explosive Politics
Volume 2
Edited by Emmanuel-Pierre Guittet and Julien Pomarède

PETER LANG
Oxford • Bern • Berlin • Bruxelles • New York • Wien

Lutte armée grecque contemporaine

Des stratégies discursives de (dé)légitimation

Anastassia Tsoukala

PETER LANG
Oxford • Bern • Berlin • Bruxelles • New York • Wien

Bibliographic information published by Die Deutsche Nationalbibliothek
Die Deutsche Nationalbibliothek lists this publication in the Deutsche National-
bibliografie; detailed bibliographic data is available on the Internet at
http://dnb.d-nb.de.

A catalogue record for this book is available from the British Library.

Library of Congress Cataloging-in-Publication Data

Names: Tsoukala, Anastassia, author.
Title: Lutte armée grecque contemporaine : des strategies discursives de
   (de)legitimation / Anastassia Tsoukala.
Other titles: Strategies discursives de (de)legitimation
Description: Oxford ; New York : Peter Lang, 2021. | Series: Explosive
   politics, 2633-8203 ; vol. 1 | Includes bibliographical references and
   index.
Identifiers: LCCN 2020030623 (print) | LCCN 2020030624 (ebook) | ISBN
   9781789977417 (paperback) | ISBN 9781789977424 (ebook) | ISBN
   9781789977431 (epub) | ISBN 9781789977448 (mobi)
Subjects: LCSH: Greece--Politics and government--1974- |
   Insurgency--Greece--History--21st century. | Internal security--Greece.
Classification: LCC DF854 .T784 2020 (print) | LCC DF854 (ebook) | DDC
   949.507/6--dc23
LC record available at https://lccn.loc.gov/2020030623
LC ebook record available at https://lccn.loc.gov/2020030624

Cover design by Peter Lang Ltd.

ISBN 978-1-78997-741-7 (print) • ISBN 978-1-78997-742-4 (ePDF)
ISBN 978-1-78997-743-1 (ePub) • ISBN 978-1-78997-744-8 (mobi)

© Peter Lang Group AG 2021

Published by Peter Lang Ltd, International Academic Publishers,
52 St Giles, Oxford, OX1 3LU, United Kingdom
oxford@peterlang.com, www.peterlang.com

Anastassia Tsoukala has asserted her right under the Copyright, Designs and Patents Act,
1988, to be identified as Author of this Work.

All rights reserved.
All parts of this publication are protected by copyright.
Any utilisation outside the strict limits of the copyright law, without
the permission of the publisher, is forbidden and liable to prosecution.
This applies in particular to reproductions, translations, microfilming,
and storage and processing in electronic retrieval systems.

This publication has been peer reviewed.

Quelle condition est plus misérable que celle de vivre ainsi, n'ayant rien à soi et tenant d'un autre son aise, sa liberté, son corps et sa vie?
— Étienne de La Boétie, *Discours de la servitude volontaire, ou le contr'un*

Table des matières

Liste des tableaux ix

Préface xi

Note de rédaction xiii

Liste des abréviations xv

CHAPITRE 1
Les modifications de la lutte armée internationale au 21ème siècle 1

CHAPITRE 2
L'intensification des résistances sociales 9

CHAPITRE 3
Sur la définition de la lutte armée 15

CHAPITRE 4
Les dimensions objectives et subjectives de la recherche 25

CHAPITRE 5
La représentation médiatique de la lutte armée 37

CHAPITRE 6
La lutte armée définie par les guérilleros 63

CHAPITRE 7

Derrière les apparences					93

Bibliographie					101

Index					135

Tableaux

Tableau 1 : Répartition des textes par positionnement idéologique   64

Tableau 2 : Positionnement idéologique de l'anarchisme
individualiste   72

Tableau 3 : Critique anarchiste individualiste envers la société   83

Tableau 4 : Critique anarchiste individualiste envers l'État   89

Préface

Cet ouvrage est le fruit d'un long travail parcourant les années 2010. En dépit des apparences, il ne prétend ni identifier ni expliquer les ressorts liant la résistance à l'insurrection – ces origines de la violence politique restent encore opaques et demandent un effort supplémentaire pour se mettre au grand jour.

S'il ambitionne de capter une étape de l'évolution d'une dynamique en cours, il est aussi marqué par la fluidité de cette dynamique non-linéaire. La trajectoire de la Conspiration des cellules de feu, organisation armée emblématique de la période étudiée, porte les traces des vagues d'arrestations de dizaines de ses membres depuis 2009, et de nombreux procès déroulés depuis 2011 le plus souvent dans l'indifférence médiatique, mais elle ne relève pas du passé pour autant. En mars 2019 a pris fin un procès en appel concernant certains de ses membres, alors qu'en juin 2019 a été arrêté un guérillero en fuite depuis février 2014 et qu'en août 2019 a été libéré le dernier guérillero parmi les condamnés en appel en 2016.

L'histoire sociale et politique de la Grèce restant turbulente jusqu'à ce jour, je tiens à remercier mon éditeur grec, Topos, et mon éditeur britannique, Peter Lang, pour la confiance dont ils ont fait preuve à mon égard.

Athènes, février 2020

Note de rédaction

La traduction des extraits des textes académiques, des articles de presse et des textes rédigés par des guérilleros est faite par l'auteur. Afin de faciliter la compréhension du contexte politique par un lecteur peu familiarisé avec la scène politique grecque, la traduction de l'ouvrage est enrichie avec certaines notes de bas de page explicatives, alors que la traduction des titres des articles de presse et des textes rédigés par des guérilleros va parfois au-delà du texte original en y ajoutant des mots jugés nécessaires à la compréhension du sens de ces titres.

Les articles du journal *To Vima* analysés dans cet ouvrage sont accessibles sur le site <https://www.tovima.gr>, à l'exception de deux articles, publiés respectivement le 7 novembre 2010 et le 19 mars 2017, qui ne sont plus accessibles que sur d'autres sites d'information reproduisant les publications initiales. Les textes des guérilleros cités dans cet ouvrage sont accessibles sur les sites anti-pouvoir <https://athens.indymedia.org> et <https://mpalothia.net>, mis à part le communiqué de revendication d'attentat du 11 décembre 2010, lequel a été initialement publié sur le site anti-pouvoir <https://athens.indymedia.org> et fait partie de l'archive de l'auteur.

Abréviations

6D	Organisation révolutionnaire du 6-Décembre
17N	Organisation révolutionnaire du 17-Novembre
AI	Athens indymedia
CCF	Organisation révolutionnaire anarchiste Conspiration des cellules de feu
FAI	Fédération anarchiste informelle
IRF	International Revolutionary Front
LR	Lutte révolutionnaire
LRP	Lutte révolutionnaire populaire
SR	Secte des révolutionnaires

CHAPITRE I

Les modifications de la lutte armée internationale au 21ème siècle

Les attentats commis par Al-Qaïda à New York et Washington, le 11 septembre 2001, ont marqué l'émergence d'une nouvelle forme de lutte armée, essentiellement différente des mouvances équivalentes de l'après-guerre, laquelle a été ultérieurement adoptée aussi par Boko Haram et Daech. La rupture avec le passé est manifeste tant dans les motifs de légitimation des attentats que dans un ensemble de paramètres organisationnels et opérationnels.

Concernant les motifs des auteurs des attentats, contrairement aux précédentes formes de lutte armée, qui étaient structurées autour de revendications politiques, les actions de ces organisations armées sont déterminées par la mise en avant d'un cadre religieux, inspiré par une lecture marginale des doctrines islamiques, dont relèvent de nombreux enjeux politiques et économiques, aux niveaux local, national, régional ou international. Il suffirait de rappeler à cet égard que Daech tente de créer un califat en Irak, en Syrie et dans d'autres régions du Moyen Orient, alors que l'objectif de Boko Haram est la création d'un califat islamique au Niger.

Les mouvances armées islamistes se démarquent aussi du passé sur le plan organisationnel et opérationnel car elles privilégient la souplesse d'une structure déterritorialisée, le centre de prise de décisions ne se situant pas forcément dans le même pays que sa branche opérationnelle et n'étant pas toujours directement lié avec elle. Les attentats peuvent avoir lieu aussi bien dans le pays où se situe le centre de prise de décisions ou à l'étranger, ils peuvent être commis par des groupes qui maintiennent des contacts physiques avec celui-ci ou qui agissent à distance, tout comme ils peuvent être commis par des individus isolés, recrutés à distance ou inspirés de leur plein gré par un centre de direction imaginaire. Cette structure bien particulière a rendu possible la réalisation d'attentats à l'échelle internationale contre des cibles situées dans beaucoup de centres métropolitains en Europe, en

Amérique du Nord et en Australie, ainsi que dans de nombreux villages et villes au Moyen Orient, en Afrique et en Asie.

La redéfinition de la menace

Le caractère inédit des attentats commis aux États-Unis et dans plusieurs métropoles européennes a déclenché une série de stratégies discursives de définition de la menace, qui ont cherché à redéfinir la nature de la menace, les propriétés des auteurs des attentats et les valeurs menacées en occupant une place hégémonique dans les médias conventionnels européens. Le discours public énoncé par des politiciens, des agents de sécurité publique, des membres des services de renseignement, des formateurs d'opinion et des journalistes a visé à affirmer les fondements réels ou imaginaires du passé politique en vue de tracer le contour d'un nouvel ordre des choses (Johnson 2002; Kellner 2002; Steinert 2003; Tsoukala 2004, 2006b, 2008a; Lazar, Lazar 2004; Leudar, Marsland, Nekvapil 2004; Graham, Keenan, Dowd 2004; Altheide 2006; Hodges, Nilep 2007).

Alors que, dans le passé, la menace que faisaient peser sur des gouvernements européens plusieurs organisations et groupes armés était considérée comme indissociable des transformations d'un champ politique donné et intégrée dans un éventail d'actions plus ou moins prévisibles, la menace du 21ème siècle a été perçue comme le résultat des modes d'action insolites, qui la rendaient incontrôlable puisqu'elle était perpétuelle, imprévisible et omniprésente car dotée de portée potentiellement globale et locale à la fois (Tsoukala 2008a). Une fois ainsi construit, le discours public sur cette menace particulièrement intimidante a été complété par l'image d'une osmose entre la lutte armée et la délinquance de droit commun, selon laquelle les guérilleros étaient aussi impliqués dans des réseaux de crime organisé. En 2001, le ministre de l'Intérieur du Royaume-Uni, David Blunkett, avait ainsi déclaré que 'les terroristes ne sont pas impliqués que dans le terrorisme; ils sont aussi impliqués dans de nombreux autres crimes en vue de financer et de faciliter leurs activités [terroristes]' (*The Guardian* 2001).

Les spécificités de cette menace ont été davantage accentuées par l'adoption de multiples stratégies discursives de définition de l'identité des auteurs des attentats. Schématiquement parlant, le précédent modèle dominant de la construction sociale du menaçant autre s'appuyait sur un processus de rupture, de séparation nette du reste de la société (Girard 1972; Edelman 1991 [1988]), qui permettait, à travers la stigmatisation de l'autre, la légitimation de sa répression même de manière extrême (Cohen 1972; Foucault 1975; Hall et al. 1978; Goode, Ben-Yehuda 1994; Critcher 2003) et la large confirmation consensuelle des valeurs ainsi protégées. L'isolement politique et social de l'autre, qui atteignait son sommet lorsque celui-ci était représenté en termes d'irrationalité et de bestialité (Tsoukala 2006c, 2008c), s'appuyait sur une logique binaire qui remplissait les besoins d'un discours public hégémonique grâce à sa capacité à simplifier des phénomènes sociopolitiques complexes en passant sous silence toute analyse des motifs du comportement violent de l'autre et toute réflexion sur une éventuelle responsabilité collective du reste du corps social. Ces stratégies discursives ayant été conçues en liaison avec l'évolution du champ politique auquel elles s'adressaient,[1] la gestion communicative de la menace posée par les attentats du 21ème siècle s'est adaptée aux enjeux de la nouvelle donne (géo)politique. Par conséquent, elle se démarqua du modèle précité, en excluant les formes d'isolement sociopolitique extrême de l'autre en termes d'irrationalité et de bestialité afin d'écarter ou, tout au moins, d'affaiblir la réaction hostile des communautés musulmanes à travers le monde et de préserver les modèles de multiculturalisme mis en œuvre dans les pays occidentaux concernés. La rupture envisagée n'a pas été structurée en tant qu'exclusion horizontale, mais en tant que classification verticale de l'autre. Les auteurs des attentats étaient toujours perçus de manière binaire, mais ils n'étaient plus considérés comme fondamentalement autres du reste de l'humanité – ils n'étaient que moralement et culturellement inférieurs. Leur infériorité morale a été mise en avant par le recours à une image manichéenne du monde, où les pays occidentaux menacés étaient intrinsèquement bons et les auteurs des attentats intrinsèquement mauvais. Leur infériorité culturelle a prolongé

---

1   Sur les interactions entre l'apparition d'un 'problème social' dans le discours public et l'évolution d'un champ politique donné, voir Tsoukala (2011).

cette image manichéenne par la création d'un espace externe de relégation des auteurs des attentats et de leurs meneurs. Cet espace externe a été systématiquement caractérisé comme 'barbare' par opposition à l'espace 'civilisé' des sociétés occidentales (Tsoukala 2008a).

Une fois consacrés comme moralement et culturellement inférieurs, les auteurs des attentats ont été représentés comme ennemis de la liberté et de la démocratie puisqu'ils se tournaient contre le mode de vie démocratique des sociétés occidentales. La puissance de cette image découle de l'implicite globalité de sa portée. Alors que, en fait, les attentats portent atteinte à un mode de vie spécifique, consubstantiel à une certaine idéologie politique et économique propre aux démocraties libérales et capitalistes de type occidental (Lazar, Lazar 2004: 228), l'assimilation systématique de ce mode de vie à la liberté a créé l'impression que la lutte armée islamiste ciblait une valeur mondiale, dépolitisée, et non pas une définition idéologiquement chargée de celle-ci. Ce glissement conceptuel, qui permet de tracer une ligne de démarcation claire entre les victimes 'qui aiment la liberté' et les auteurs des attentats 'qui détestent la liberté', passe sous silence deux points relatifs aux auteurs des faits. D'une part, la liberté en question n'est jamais conçue au sens kantien du terme, en tant que liberté d'agir des auteurs des attentats suivant des critères rationnels. D'autre part, la liberté étant présentée comme trait distinctif des seuls peuples menacés, les auteurs des attentats ne sont jamais conçus en tant que combattants pour la liberté d'autres peuples. Ces deux points étant corrélés, leur bannissement du discours public consolide l'image arriérée et illibérale des auteurs des faits, qui sont alors perçus comme radicalement étrangers à la valeur de la liberté et de ses corollaires démocratiques.

La légitimation de l'état d'urgence

Les politiques antiterroristes adoptées par les pays membres de l'UE après 2001 se caractérisent par le renforcement de la coopération internationale entre les agents de sécurité publique, les magistrats et les membres des services de renseignement, ainsi que par l'application de nouveaux textes de loi et des régimes d'exception limitant les libertés et droits fondamentaux au nom de l'efficacité de la lutte antiterroriste. Sommairement parlant, les législations antiterroristes prévoient la criminalisation de comportements, le renforcement des pouvoirs des forces de l'ordre, l'introduction de dispositions dérogatoires en matière d'engagement de poursuites et de jugement de certaines infractions, ainsi que le durcissement des peines encourues et des conditions de leur exécution. Dans certains cas, le renforcement de l'arsenal juridique est allé de pair avec la déclaration de l'état d'urgence et l'application concomitante des mesures d'exception pendant des périodes plus ou moins longues, sans exclure parfois la transformation de certaines de ces dispositions en éléments permanents du système juridique d'un pays donné (Paye 2004: 62; Tsoukala 2006a; Vauchez 2019), créant ainsi *de facto* un régime d'exception qui, comme il a déjà été souligné, instaure l'insécurité juridique au nom de la sécurité de l'État (Manesis 1980; Manitakis, Takis 2004; *Cultures & Conflits* 2018, 2019) et rend visibles les contradictions et les faiblesses des démocraties libérales de type occidental (Tsoukala 2015).

Le phénomène n'est pas nouveau en soi. Si nous nous focalisons sur la deuxième moitié du 20ème siècle, nous constatons que les États européens qui ont dû faire face à des mouvances armées sur leur territoire ont eu souvent recours à l'adoption de lois antiterroristes et, le cas échéant, à la déclaration de l'état d'urgence en vue de suspendre ou restreindre l'application d'un certain nombre de libertés et droits fondamentaux (Groenewold 1992; Della Porta 1992; Tsoukala 1993, 2006a; Donohue 2001). L'adoption de ces mesures dérogatoires allait toujours de pair avec la mise en place des stratégies discursives visant à légitimer celles-ci car, dans le cas contraire, les gouvernements concernés perdraient leur avantage moral vis-à-vis des organisations armées, qui considéraient que la fin justifiait les moyens, et seraient dénoncés pour leur politique antidémocratique, voire autoritaire. De nombreux chercheurs ont souvent souligné que, une fois son objectif atteint, ce discours public devient partie intégrante de l'application de nouvelles formes de gouvernementalité, en tant qu'élément indissociable d'un processus de transformation de la sécurité intérieure en enjeu politique de taille (Waever 1995; Buzan, Waever, Wilde 1998; Huysmans 2004).

La légitimation de ces mesures antiterroristes, nécessaire à l'acceptation consensuelle de ces nouvelles formes de gouvernementalité, s'est appuyée notamment sur l'argument que les libertés et droits fondamentaux affaiblissaient l'efficacité des politiques antiterroristes et que, par conséquent, ils devraient être limités afin de protéger la sécurité des citoyens (Schlagheck, Walker 1992; Chalk 1995; Donohue 2001).

Bien que cette thèse ait été vivement critiquée à maintes reprises (Della Porta 1992; Bonner 1992; Chalk 1995; Donohue 2001, 2008), l'argumentaire dominant du 21ème siècle ne se différencie pas sensiblement des stratégies discursives antérieures. Les mesures d'exception actuelles ont été légitimées par un discours public qui visait à reclasser et à redéfinir la liberté en tant que valeur en démocratie, en vue de réaménager les rapports qu'entretiennent entre eux les citoyens et le pouvoir exécutif dans les démocraties libérales de type occidental.

La limitation des libertés et droits fondamentaux s'appuie sur la thèse que l'essence intrinsèquement libre du régime démocratique le rend particulièrement vulnérable aux menaces pesant lourdement sur la sécurité des citoyens, notamment si elles proviennent des mouvances armées. Il est alors estimé que la protection de la liberté des citoyens s'oppose à la protection de leur sécurité car elle entrave la conception et mise en œuvre de politiques antiterroristes efficaces.

Dès que la liberté et la sécurité sont conçues comme des biens juridiques égaux mais mutuellement opposés, il est évident que le conflit ne peut être résolu que par l'application de la règle générale de droit dictant que, en cas de conflit, l'un des biens juridiques protégés doit être sacrifié ou, tout au moins, redéfini afin de devenir inférieur à l'autre (Perelman 1999: 120). Par conséquent, le discours public, qu'il soit énoncé au niveau national ou communautaire (Tsoukala 2004), s'articule autour de l'idée d'une mise en balance, d'un rééquilibrage des deux biens juridiques en conflit, la liberté et la sécurité. Présentée désormais comme un besoin absolument logique, l'acceptation du rééquilibrage dissimule le fait qu'elle implique une distorsion fondamentale de la notion de démocratie, laquelle ne peut être dissociée des libertés et droits fondamentaux (Waldron 2003). Contrairement au principal argument du discours public dominant, la démocratie est le cadre au sein duquel s'intègre la sécurité, elle n'est pas un ensemble de valeurs théoriquement égal à la sécurité et susceptible d'être sacrifié si ceci est jugé nécessaire par le gouvernement du jour (Tsoukala 2006b). Faisant fi du fait que les libertés et droits fondamentaux font partie intégrante de ce cadre, le pouvoir exécutif cherche à les entraîner dans celui-ci, comme s'il s'agissait des valeurs ordinaires à protéger dans l'exercice ordinaire de ses fonctions gouvernementales. Il brise, alors, le fond immuable de leur substance conceptuelle afin de les transformer en vagues récepteurs de concepts. Une fois mutés en un outil politique ordinaire, les libertés et droits fondamentaux deviennent ajustables aux besoins du gouvernement. Par conséquent, ils peuvent faire l'objet d'applications sélectives ou d'interprétations variées, tout comme ils peuvent être provisoirement suspendus sans que cela provoque d'importantes crises politiques (Tsoukala 2006b). La loi et la sécurité cessent alors d'être les moyens qui garantissent l'exercice des libertés et droits fondamentaux pour se transformer en une fin en soi et, par extension, en une limitation interne de l'exercice de ceux-ci (Sarafianos, Tsaitouridis 2004: 171). De même, la justice cesse d'être l'un des piliers de l'État de droit pour se transformer en une valeur sociale, relative et politiquement déterminée, au service du pouvoir exécutif (Tsoukala 2006b).

Le sens ainsi donné au nouvel ordre des choses remplit les besoins d'un double objectif politique. D'abord, il suggère que les mesures liberticides proposées ne sauraient être attribuables à des intentions antidémocratiques. Au contraire, elles protègent efficacement la démocratie, elles constituent une réponse étatique nécessaire aux nouveaux problèmes de sécurité, qui rendent impérieuse la redéfinition des priorités politiques à travers le rééquilibrage des valeurs et intérêts collectifs en conflit. Ensuite, le terme rééquilibrage est particulièrement rassurant car il renvoie à la notion de justice, tout en étant présenté comme le résultat d'une évaluation sérieuse et lucide des enjeux en cours, laquelle garantit par définition la gestion optimale de la crise sans qu'il y ait recours à l'adoption de dispositifs de sécurité excessifs, disproportionnés à la démocratie. Les mesures liberticides sont présentées positivement, comme une évolution du régime démocratique, et non pas négativement, comme une régression de l'acquis démocratique. Tout naturellement, le discours public se focalise désormais sur la résolution du conflit en excluant tout questionnement sur l'existence même de ce conflit.

L'inversion de la nature des mesures liberticides s'appuie sur l'inversion de la définition de la liberté, qui n'est plus conçue positivement, en tant que liberté de penser et d'agir conformément à la loi, mais négativement, en tant que libération d'une menace. L'action des organisations armées n'est pas présentée comme une menace pesant sur la liberté des citoyens de penser et d'agir au sein d'une société démocratique, mais comme une menace dont les citoyens doivent se libérer afin de pouvoir continuer à vivre – au sens biologique du terme et non plus en tant que citoyens d'un État démocratique (Tsoukala 2004, 2006b). Le discours sur la liberté se transforme en discours sur la peur et l'insécurité face à la catastrophe imminente, la protection de la liberté ainsi conçue servant à légitimer les futures politiques antiterroristes. Loin d'être assimilée aux libertés et droits fondamentaux, la liberté légitime leur restriction. Quant aux citoyens, ils doivent accepter ces restrictions au nom de leur délivrance de la peur. La mise en avant de la peur en tant qu'enjeu politique capital permet, à son tour, de légitimer une nouvelle forme de gouvernementalité, basée sur la gestion de la peur et de l'inquiétude, à travers le recours à des technologies de surveillance de plus en plus sophistiquées et l'introduction permanente d'éléments illibéraux dans le système juridique des démocraties libérales de type occidental (Bigo 2002, 2005; Huysmans 2004, 2006; Altheide 2006; Tsoukala 2006a; Bigo, Tsoukala 2008).

CHAPITRE 2

L'intensification des résistances sociales

Le début du 21ème siècle a été aussi marqué par des vagues successives de révoltes et de mouvements sociaux qui, déclenchés à l'échelle mondiale, allant de l'Europe et des États-Unis au Maghreb et au Moyen Orient, ont mis en cause l'ordre établi dans chacun des pays concernés et, dans certains cas, ont même provoqué la destitution de chefs d'État autoritaires (Amnistie internationale 2016). En Europe, bien que les prétextes aient été différents,[1] les raisons des mobilisations sociales violentes ou pacifiques, déclenchées dans les banlieues parisiennes en 2005, à Athènes en 2008, à Londres, à Lisbonne, à Madrid et à Athènes en 2011, à Istanbul et à Stockholm en 2013,[2] et à de nombreuses villes françaises depuis 2018, ont mis en lumière une profonde crise de confiance envers les institutions publiques. La mise en question de la crédibilité de celles-ci s'est manifestée par l'exigence de faire respecter les principes de l'État de droit et les règles de justice sociale, ainsi que, dans certains cas, par la quête, ne serait-ce qu'au niveau embryonnaire, des modes de gouvernance alternatifs (Théo Cosme 2009; Vradis, Dalakoglou 2011; Hobo 2011; Hadjimichalis 2013; Tsavdaroglou, Makrygianni 2013; Prentoulis, Thomassen 2014; Sotiris 2014; Moran, Waddington 2016; Karaliotas 2017; Georgiadou

1 Les révoltes de 2005 (banlieues parisiennes), de 2008 (Athènes), de 2011 (Londres) et de 2013 (Stockholm) ont été déclenchées suite aux décès de citoyens à cause de violences ou abus policiers. Les mobilisations de masse de 2011 (Lisbonne, Madrid, Athènes) ont eu lieu en réaction à l'adoption de politiques d'austérité strictes en pleine crise financière, alors que celle de 2013 (Istanbul) a été provoquée par la répression violente d'un sit-in. En 2018, les mobilisations des gilets jaunes (à travers la France) sont survenues suite à l'annonce d'une hausse des taxes sur les carburants.
2 Les noms des villes renvoient au lieu du déclenchement de chaque mobilisation. Nous ne citons que les cas où les mouvements contestataires ont été répandus dans plusieurs villes des pays concernés.

et al. 2017; Vasilaki 2017; Cappuccini 2018; Sebbah, Souillard et al. 2018; Sebbah, Loubère et al. 2018; Collectif 2018).

Les origines internationales de la crise politique

Malgré l'hétérogénéité de sa manifestation, la crise politique qui a été déclenchée suite à la mise en cause des institutions de la démocratie libérale a des origines duelles qui remontent à la deuxième moitié du 20ème siècle. Aux niveaux politique, social et économique, l'actuelle crise systémique du capitalisme et son impact désastreux sur le niveau et la qualité de vie de millions d'individus résulte d'une confrontation, poursuivie à l'échelle mondiale depuis les années 1970, entre les classes productrices, le pouvoir politique et les milieux financiers (Crotty 2009; Harvey 2014). Au niveau des libertés et droits fondamentaux, leur dévalorisation croissante provient de deux processus distincts qui, en ce qui concerne l'Europe, ont été mis en marche au cours des années 1980.

D'un côté, la hausse progressive d'un nouveau modèle de contrôle social du crime, basé sur l'impersonnelle gestion proactive du risque et la transformation concomitante du soupçon en force motrice du système pénal, a enlevé son sens à la position ontologique et procédurale de l'individu-porteur de droits au sein de la justice pénale. Plus l'attention de l'appareil répressif s'éloignait de l'individu à part entière, auteur d'une infraction réelle, pour se focaliser sur l'individu sous-ensemble, membre d'un groupe potentiellement dangereux, plus il supprimait la propriété de l'individu de consister en le point de départ et d'aboutissement de la mobilisation du mécanisme du contrôle social du crime, et plus il rendait inapplicables les précédentes garanties procédurales, qui étaient centrées sur l'individu et structurées autour de l'infraction réellement commise et de la condamnation de l'auteur des faits grâce aux preuves fournies dans le cadre d'un procès (Tsoukala 2002, 2008b).

De l'autre côté, la classe politique, qu'elle agisse au niveau national ou communautaire, cherche de plus en plus ouvertement à récupérer le pouvoir qu'elle avait cédé aux sociétés civiles européennes au cours de la Guerre froide, lorsque la diffusion de l'image d'un régime démocratique libre était nécessaire au renforcement de la crédibilité du système politique et économique de l'Occident aux yeux des peuples des deux camps adverses (Tsoukala 2009: 82–83). L'instable reconnaissance de la valeur innée des droits de l'homme face à de multiples enjeux politiques et économiques, bien visible dans la restriction de ceux-ci au nom de la protection de la sécurité intérieure, apparaît aussi dans la gestion de l'actuelle crise des réfugiés, qui s'appuie sur une série de graves violations du droit communautaire et international (Greenhill 2016; Menéndez 2016; Amnistie internationale 2017a, 2017b).

La crise politique en Europe du Sud

La réduction de la portée des libertés et droits fondamentaux se manifeste de manière plus aiguë dans le sud de l'Europe, où la gestion des crises financières nationales a fini par établir la dévalorisation institutionnelle tant des droits de l'homme que des droits sociaux (Amnesty International 2018; Amnistie internationale 2018). Dans ces pays, à la longue tradition de régimes autoritaires mais aussi de violentes contestations du pouvoir étatique, les brusques soubresauts politiques et économiques, et leur impact néfaste sur la protection des libertés et droits fondamentaux, ont provoqué de vastes réactions sociales, qui, entre autres, ont créé un contexte légitimant l'action des groupes et organisations armés anarchistes et d'extrême gauche. La puissance de ces mouvances armées étant indissociable du fonctionnement des champs politiques en question, la Grèce assiste à un renouveau de la lutte armée alors qu'en Italie émerge, en 2003, la Fédération anarchiste informelle (FAI), une structure horizontale de ralliement de nombreux groupes anarchistes armés, laquelle, au fil des ans, s'est répandue à l'étranger. En revanche, en Espagne, où le retrait graduel de l'ETA, commencé en 2011 et achevé en 2017, a ouvert la voie à une désescalade de la lutte armée, le nombre d'attentats commis par des groupes anarchistes et d'extrême gauche reste toujours considérable mais marque une baisse depuis le milieu des années 2010.

Ayant inquiété les gouvernements européens, l'expansion des mobilisations sociales a suscité la planification de nouvelles stratégies de maintien de l'ordre, comme l'indique l'organisation par Europol d'un colloque sur l'anarchisme en Europe, en avril 2012 (Council of the EU 2012; Europolice 2012). Selon les plus récents rapports d'Europol sur l'action des groupes et organisations armés dans l'UE, en 2017 et 2018 la lutte armée anarchiste et d'extrême gauche était pratiquement propre aux pays d'Europe du Sud (Europol 2018, 2019), en 2017 la Grèce y occupant le premier rang quant au nombre d'attentats commis et d'arrestations effectuées (Europol 2018: 48–50).

Bien que la hausse de la lutte armée en Grèce ait eu lieu en parallèle avec la résurgence des résistances sociales au début de la crise financière, sa puissance, attestée par la multiplication des attentats de nature et d'intensité variables, n'a pas été influencée par la baisse ultérieure de ces mouvements sociaux. Au contraire, il est fort probable que l'exacerbation de l'individualisme et du retrait sur le privé, qui sous-tend le rapide affaiblissement des mobilisations sociales depuis le début de 2012, ait incité certains individus à s'orienter vers la lutte armée en réaction à la passivité sociale ambiante.

L'engagement dans la lutte armée étant toujours inextricablement lié aux spécificités du contexte historique dont il fait partie (Bonelli 2011a), le recours à cette forme de violence politique en Grèce est déterminé par un ensemble de facteurs complexes dont l'étude dépasse le cadre de la présente analyse.[3] Nous n'en retenons qu'une des principales caractéristiques de l'actuelle génération de guérilleros grecs, à savoir l'inscription de leurs actions dans un contexte international. L'organisation armée la plus emblématique de la période étudiée, la Conspiration des cellules de feu (CCF), manifeste son envie d'internationalisation peu de temps après son apparition en janvier 2008 (Organisation révolutionnaire anarchiste Conspiration des cellules de feu 2012a, 2012b: 189s). Ainsi, en avril 2008,

---

3   Ces facteurs couvrent un large éventail des transformations du champ social et politique, allant de la prédominance des valeurs matérialistes à la spectacularisation de la vie publique, et des effets de la mondialisation et de la hausse du néolibéralisme aux multiples conséquences de la crise financière.

elle incendie des entreprises italiennes installées à Athènes pour exprimer sa solidarité envers des guérilleros italiens emprisonnés (Athens indymedia[4] 2008). En février 2011, elle annonce sa participation à la FAI/IRF. Nous assistons en fait à l'émergence d'une mouvance armée multiforme et multi-niveaux, où les attentats peuvent être commis pour des motifs nationaux ou être explicitement associés à des évènements survenus dans d'autres pays, au nom d'une solidarité qui peut s'appuyer sur des contacts personnels réels ou en être totalement dissociée car relevant d'un univers imaginaire, nourri par l'échange de messages indirects, figurant dans des communiqués de revendication d'attentat, entre guérilleros qui ne se sont jamais rencontrés dans la vraie vie. Les éléments dont nous disposons ne nous permettent pas de comprendre si cette focalisation sur l'international suggère une faible base sociale de la lutte armée au niveau national, à l'instar de ce qui s'est produit en France et en Allemagne dans les années 1980, si elle est due à l'impact du modèle déterritorialisé d'Al-Qaïda et de Daech, si elle reflète le processus de mondialisation, ou si elle renvoie, tout simplement, à une soif de reconnaissance, réelle ou imaginaire. Puisque nous ne pouvons pas saisir le sens accordé à l'agir politique par ces organisations et groupes armés en étudiant leur répertoire d'action, nous pouvons essayer de mieux cerner les motifs et les objectifs de leurs membres en analysant leur discours public en tant que moyen de légitimation par excellence de la lutte armée et de recrutement potentiel de nouveaux membres.[5]

Aborder la lutte armée à travers l'analyse des discours publics n'est pas une option méthodologique répandue. Bien que l'action des mouvances armées dans plusieurs pays européens au cours des années 1970–1980 ait donné naissance à une foule d'études sur les motifs d'engagement et les modes de structuration des organisations armées les plus emblématiques de l'époque (Moulain, Beuvain 2006), ainsi qu'à de nombreux témoignages et récits autobiographiques de guérilleros (Franceschini, Buffa, Giustolisi 1988; Curcio, Scialoja 1993; Moretti 1994; Braghetti, Tavella 1998; Pohle 1999; Rouillan 2007, 2009, 2011; Tolmein 2007 [1996]; Schiller 2012 [1999]; Koufondinas 2014, 2016; Xiros 2014), les analyses des discours publics

---

4   Désormais AI.
5   La présente analyse de discours s'appuie en partie sur des publications antérieures (Tsoukala 2014a, 2014b).

sur le 'terrorisme' n'ont commencé à proliférer qu'après les attentats du 11 septembre 2001 (Steinert 2003; Tsoukala 2004, 2006b, 2008a; *Discourse & Society* 2004; Mythen, Walklate 2006; Hodges, Nilep 2007; Jackson 2007; Steuter, Wills 2008; Lazar, Lazar 2010; Featherstone, Holohan, Poole 2010; Pisoiu 2012; Baker-Beall 2014). Néanmoins, malgré la banalisation du recours à l'internet et aux réseaux sociaux par les guérilleros du 21ème siècle, dans la plupart des cas l'analyse de discours s'est focalisée sur la représentation du phénomène par les journalistes et les élites politiques. Cette méthode a été rarement appliquée pour interpréter des communiqués de revendication d'attentat ou d'autres textes rédigés par des organisations et groupes armés (Manconi, Dini 1981; Novelli 1988; Tsfati, Weimann 2002; Broek 2004; Weimann 2006; Tsoukala 2014a, 2014b, 2018; Briziarelli 2014; Loadenthal 2016, 2017).

CHAPITRE 3

Sur la définition de la lutte armée

L'option méthodologique précitée soulève, bien évidemment, la question de la définition de la lutte armée et de la diffusion de celle-ci vers un public le plus large possible. La manière dont se fixent les règles du jeu communicationnel autour de la définition de la nature et des objectifs d'une mouvance armée est indissociable de la dynamique d'un champ politique donné. Dans la lutte continue pour faire imposer une définition du phénomène ne se trouvent pas impliqués que les auteurs des attentats face aux représentants de la classe politique et de l'appareil répressif. S'y trouvent aussi impliqués, quoique disposant de marges d'influence variables, tous ceux qui sont légitimes à exprimer leur opinion en public, soit au nom d'un certain savoir scientifique, soit en tant que gestionnaires de l'information agissant dans les médias conventionnels, les médias anti-pouvoir ou les réseaux sociaux. Au-delà des enjeux politiques évidents pour les uns et les autres, l'incessante lutte pour faire imposer une définition du phénomène est aussi étroitement liée aux schèmes idéologiques dominants dans une période donnée et à une série d'intérêts économiques, bureaucratiques et corporatifs – allant du renforcement perpétuel des infrastructures de l'appareil répressif et de l'augmentation des profits tirés par les entreprises spécialisées dans la sécurité intérieure à la promotion de certains services au sommet de la hiérarchie policière et à l'avancement des carrières des magistrats et des policiers concernés.[1]

---

[1] Sur la subjectivité du processus définitionnel de la menace en général à cause de l'influence déterminante des caractéristiques idéologiques, politiques ou sociales des institutions d'affiliation ou des couches sociales d'origine des individus qui cherchent à faire imposer cette définition dans une société donnée, voir Becker (1963); Erikson (1966); Cohen (1972); Spector, Kitsuse (1977); Hall et al. (1978); Edelman (1991); Goode, Ben-Yehuda (1994); Thompson (1998).

Dans le cas grec, la lutte autour de la définition du phénomène se cristallise sur le choix de sa dénomination: les uns s'autodéfinissent en tant que sujets agissant dans ce qui, à leurs yeux, constitue le noble cadre d'action d'une 'lutte armée' ou d'une 'guérilla urbaine', alors que les autres se réfèrent péjorativement au 'terrorisme'. Toutefois, ces choix ne sont pas étanches. Aussi bien les uns que les autres se servent des armes de communication de leur adversaire en vue de renforcer leur position respective dans le champ politique. D'un côté, les guérilleros n'hésitent pas à utiliser le terme 'terrorisme' afin de le retourner contre les représentants de l'appareil répressif et les élites politiques. Ils se réfèrent au 'terrorisme d'État' pour dénoncer la violence systémique et la répression étatique, laissant ainsi transparaître la thèse d'une contre-violence licite (Luxemburg 2007 [1902]: 29–39; Labica 2005, 2007; Anders 2014 [1987]), qui, en fait, légitime leur action politique. De l'autre côté, les policiers adoptent occasionnellement les termes 'guérilla urbaine' et 'guérilleros' lorsqu'ils sont interviewés par des journalistes (*To Vima* 2010d, 2011c), adhérant ainsi à un discours apparemment peu sclérosé, lequel est en fait nécessaire à la légitimation optimale de leur action répressive. En tout cas, à la différence de leurs prédécesseurs (Koufondinas 2015), les guérilleros d'aujourd'hui se positionnent à peine sur les organisations armées islamistes et les attentats commis au nom de Daech. Leur focalisation sur leur propre mode d'agir nous paraît bien illustrée par le fait que leurs textes, qui seront analysés plus loin, ne contiennent qu'une seule référence aux 'attaques aveugles des djihadistes' (AI 2017i). Par conséquent, la lutte définitionnelle se structure autour de la définition de la mouvance armée en Grèce et de ses versants similaires à l'étranger.

Cette lutte définitionnelle nationale ne faisant que refléter des controverses internationales de longue date, l'absence de définition appropriée du phénomène a été rigoureusement analysée par la communauté scientifique, qui a souvent dénoncé la faiblesse conceptuelle et l'utilitarisme politique du terme terrorisme (Hermant, Bigo 1986; Schmid 1992, 2004; Jenkins 2003; Fotopoulos 2003: 16–72; Weinberg, Pedahzur, Hirsch-Hoefler 2004; Saul 2005; Papastamos, Prodromitis 2010; Bonelli 2011b), sans avoir pour autant abouti à une définition largement admise. Les points de friction concernent respectivement la définition de la nature et de la position du sujet violent au sein du devenir politique.

La nature du sujet violent dans le champ politique

Les tentatives de définition de la nature du sujet qui agit violemment dans le champ politique se heurtent à la question de l'extension éventuelle du terme terrorisme afin d'y inclure l'exercice systématique de violences étatiques contre les citoyens d'un pays. Certes, les références au terrorisme d'État sont instables car elles fluctuent en fonction des intérêts géopolitiques des pays dénonciateurs (Jackson, Murphy, Poynting 2010; Duncan et al. 2013), mais le terme a parfois été utilisé à l'encontre des régimes autoritaires ou totalitaires. Pendant la Guerre froide, par exemple, l'Union soviétique a été souvent accusée de terrorisme d'État, alors que la création de la Cour pénale internationale vise la punition de certains crimes internationaux graves (Tsilonis 2017) éventuellement relevant du terrorisme d'État, sans que le terme soit pour autant mentionné dans son statut fondateur.[2]

Toutefois, l'éventuelle reconnaissance et punition internationale du terrorisme d'État en cas de régimes autoritaires ou totalitaires n'implique pas l'adoption d'une position semblable par des instances (inter)nationales lorsque l'auteur de la violence agit au sein d'un régime conservant les apparences démocratiques. Schématiquement parlant, le refus que l'appareil répressif d'un État formellement démocratique puisse cibler des 'citoyens dangereux' (Panourgia 2013) se situe au cœur de la base de légitimation de la démocratie libérale car il laisse planer l'idée que l'exercice systématique de violences contre une catégorie de citoyens ne peut avoir lieu en démocratie puisqu'il est propre aux régimes autoritaires ou totalitaires. En excluant toute déviation potentielle de l'idéal démocratique, cette approche tautologique du régime, qui considère que les États formellement démocratiques sont identiques aux États réellement démocratiques, rend impensable la reconnaissance institutionnelle de tout démenti tangible de l'utopie sous-jacente au mythe fondateur du régime, finissant ainsi par enlever son sens à ce qu'elle prétend défendre.

---

2   Selon le Statut de Rome (art. 5), la Cour peut mener des enquêtes et engager des poursuites notamment en cas de génocide, des crimes de guerre et des crimes contre l'humanité.

La position du sujet violent dans le champ politique

Le processus de définition de la position du sujet violent dans le champ politique soulève inévitablement la question de la reconnaissance institutionnelle de sa propriété politique et, par extension, la question de l'acceptation du fait que ce sujet puisse remplir des fonctions politiques honorables. Or, nous constatons que, conformément aux conclusions qui s'imposent par la perception tautologique du régime démocratique précitée, la lutte armée est dépolitisée pour que, justement, ne soient pas discutées en public les questions qu'elle pose par rapport, d'une part, au bon fonctionnement des institutions démocratiques et, d'autre part, à l'opportunité éventuelle d'une transition vers d'autres modèles d'organisation politique de la société. La focalisation sur l'illégalité des diverses formes de la lutte armée, qui va de pair avec la dissimulation, la distorsion ou la dévalorisation de ses origines politiques, permet aux représentants de la classe politique de tracer une ligne de démarcation claire entre les mouvances armées et le fonctionnement du champ politique, en n'inscrivant l'action de celles-ci que dans le champ pénal. L'intensité de la dépolitisation de la lutte armée est proportionnée à celle de la criminalisation d'un large éventail d'actes commis par les guérilleros et du durcissement des peines encourues et effectivement infligées à ceux-ci. Au niveau du discours public, la lutte autour de la reconnaissance de la qualité politique de guérilleros prend, certes, des dimensions publiques importantes en tant qu'enjeu majeur lors des procès des membres d'organisations armées, mais produit aussi des effets au quotidien à travers les tentatives de faire imposer le terme 'détenus politiques' pour désigner les guérilleros emprisonnés.

En Grèce, la définition de la position du sujet violent dans le champ politique devient davantage confuse à cause d'une utilisation insolite de la législation antiterroriste (art. 187A C.P.), qui n'a pratiquement jamais été appliquée à l'encontre des membres d'organisations ou de groupes d'extrême droite. Bien que l'activité criminelle de nombreux membres du parti d'extrême droite Aube dorée et de l'organisation Combat 18 Hellas/ Méandres autonomes nationalistes[3] tombe incontestablement sous les dispositions de l'art. 187A C.P., ceux-ci n'ont été poursuivis qu'en vertu des

3   Les éléments dont nous disposons jusqu'à ce jour ne nous permettent pas de saisir

dispositions relatives aux organisations criminelles (art. 187 C.P.) et/ou d'autres dispositions du droit pénal (*France 24* 2015; *I Kathimerini* 2018a). À première vue, cette approche singulière de l'activité des extrémistes de droite, qui a été vivement critiquée dans la presse (Koppa 2013; Papadakis 2015) et rejetée même par un ministre adjoint de la Protection du citoyen[4] (*I Kathimerini* 2018b), renvoie à la prédominance d'une interprétation du 'terrorisme' idéologiquement chargée. Un examen plus approfondi de la question suggère, toutefois, que cette approche semble refléter une perception strictement institutio-centrique des biens juridiques protégés par l'art. 187A C.P.[5] plutôt que les convictions politiques de certains représentants de l'appareil répressif. Selon cette perception, dont l'hégémonie dissuaderait implicitement les victimes de déposer plainte en vertu de la législation antiterroriste, l'art. 187A C.P. protège essentiellement: l'État, en tant que symbole, ensemble d'institutions et de représentants institutionnels; le Capital et ses représentants, en tant que pilier du système économique sur lequel se fonde l'actuel régime politique; les médias conventionnels, en tant que partie intégrante du processus de légitimation de l'actuel régime politique; les institutions religieuses; les institutions étrangères.

Cette perception écarte alors systématiquement la dimension sociale ajoutée par le législateur lorsqu'il inclut aux finalités poursuivies par l'auteur des faits la sérieuse intimidation d'une population (art. 187A§1kb C.P.), justement pour souligner que l'objectif de l'auteur peut être exclusivement social. Les membres d'Aube dorée et de Combat 18 Hellas/Méandres autonomes nationalistes n'ayant jamais attaqué de cibles étatiques, capitalistes,

---

clairement les liens entre Combat 18 Hellas et Méandres autonomes nationalistes. Selon l'avis dominant, il s'agirait de vases communiquants, sans qu'on puisse exclure la possibilité qu'il s'agisse d'une seule organisation agissant sous deux noms différents.

4   Chargé de la sécurité intérieure et de la protection civile.
5   Le législateur liste une série d'infractions, qui sont très sévèrement punies si elles sont commises 'de manière ou dans une ampleur ou dans des conditions susceptibles de nuire gravement à un pays ou à une organisation internationale et ayant pour but d'intimider sérieusement une population, ou de contraindre une autorité publique ou une organisation internationale à une action ou omission, ou de détruire ou nuire gravement aux fondamentales structures constitutionnelles, politiques, économiques d'un pays ou d'une organisation internationale'.

journalistiques, ou liées à des institutions étrangères, les représentants de l'appareil répressif estiment que les nombreuses agressions meurtrières contre des anarchistes, des anti-autoritaires, des militants de gauche, des immigrés, des réfugiés et des Roms ne tombent pas sous les dispositions de la législation antiterroriste. Par conséquent, ils considèrent arbitrairement que la diffusion d'un climat de peur au sein de la société, la rupture de la cohésion sociale et le trouble de la paix sociale, provoqués par des attaques systématiquement menées contre des sous-populations spécifiques, ne mettent pas en jeu les 'fondamentales structures constitutionnelles' du pays (art. 187A§1kb C.P.).

En revanche, les membres du groupe d'extrême droite nationaliste Epsilon EY, accusés d'avoir commis, en octobre 2015, deux attentats contre des cibles capitalistes et nationales en Péloponnèse,[6] ont été poursuivis en vertu de l'art. 187A C.P. Ce cas étant jusqu'aujourd'hui unique, il est clair que l'engagement des poursuites et la condamnation ultérieure des auteurs de ces attentats à de lourdes peines de prison ne peuvent en aucun cas atténuer l'inégalité politique inhérente au processus d'appréciation et de qualification des faits par les représentants de l'appareil répressif, qui assimilent *de facto* le 'terrorisme' aux milieux anarchistes et d'extrême gauche, l'action des organisations/groupes d'extrême droite étant, quant à elle, inscrite en principe dans un vide conceptuel, dissociée de tout motif idéologique ou économique, et condamnée au nom de la désapprobation sociale de crimes qui sont en fait dénués de sens.

Les limites de cette perception institutio-centrique de la législation antiterroriste deviennent aussi évidentes en cas d'attaque contre des lieux de culte informels. Les attaques incendiaires ou les tentatives d'incendie criminel de salles de prières sauvages, survenues depuis 2010 même pendant le service religieux (*Tvxs* 2010; *Rizospastis* 2011; *I Efimerida ton Syntakton* 2016), n'ont jamais été poursuivies en vertu de l'article 187A C.P. Estimant que l'absence de lieu de culte formel annule la protection renforcée dont devraient bénéficier ces salles de prières, les magistrats suivent par ailleurs, dans ce cas aussi, le principe de la non application de la législation

---

[6] Attentats à l'explosif sur une agence de la Banque de Grèce à Kalamata et sur une statue de l'empereur byzantin Constantin XI Paléologue à Mystras respectivement.

antiterroriste si les auteurs visent à intimider sérieusement une population, en l'occurrence la communauté musulmane de Grèce. Selon ce raisonnement dépourvu de fondement juridique, ils considèrent également que les incendies criminels de salles de prières ne tombent pas sous les dispositions de la loi antiterroriste puisqu'il est arbitrairement présumé qu'ils ne sauraient 'nuire gravement au pays' (art. 187A§1kb C.P.) en mettant en jeu les relations de l'État central avec la minorité musulmane de Thrace et/ou les relations diplomatiques et économiques du pays avec le monde arabe et, en général, musulman.

Des conflits et des contradictions en liaison avec la position du sujet violent dans le champ politique émergent aussi lors de la définition de l'action des organisations et groupes armés. Comme il est souvent souligné dans la communauté académique, la définition du sujet politique violent est très relative, le 'terroriste' des uns pouvant être le 'héro libérateur' des autres. Il suffit de rappeler à cet égard les résistants grecs sous l'Occupation ou pendant la dictature de 1967–1974, ou de nombreux mouvements de libération nationale en Afrique et en Asie. De même, il est couramment admis que l'adversaire politique qui a recours à des modes d'agir violents non conventionnels, aujourd'hui condamnable, peut être érigé demain au rang d'interlocuteur politique si, comme il s'est produit dans le cas de l'IRA et dans une moindre mesure avec l'ETA, le conflit mène à des négociations en vue d'atteindre la paix sociale. L'opportunisme politique et la relativité conceptuelle du terme terrorisme apparaissent encore plus clairement dans des cas extrêmes de renversement des rapports de force régissant un champ politique donné, lorsque le terroriste initial se transforme en représentant légal de son peuple et finit même par recevoir le prix Nobel de la paix – tel a été le cas de Nelson Mandela en 1993 et de Yaser Arafat en 1994. Ces cas extrêmes mettent en lumière la fluidité politique et conceptuelle du terme terrorisme non seulement pendant le renversement du rapport de force antérieur, mais aussi pendant la gestion des conséquences de ce renversement puisque la reconnaissance officielle de l'ex-terroriste en tant qu'interlocuteur politique n'implique pas forcément le rejet officiel de son identité passée. Le Sénat des États-Unis, par exemple, n'a retiré Nelson Mandela de la liste de surveillance des suspects pour terrorisme qu'en 2008 (*The Telegraph* 2008; *The Washington Post* 2013).

Parvenir à faire imposer au niveau international la définition d'une mouvance armée comme terroriste dépend également de la puissance géopolitique du pays qui revendique le droit souverain de définir les faits. Nous rappelons que la position hégémonique des États-Unis sur la scène politique mondiale de l'après-guerre a joué un rôle déterminant dans la définition de certains mouvances armées comme terroristes suivant, à chaque fois, les intérêts géopolitiques et les alliances de Washington. Les talibans, par exemple, ont été à tour de rôle 'libérateurs' du peuple afghan, lorsqu'ils combattaient les troupes soviétiques aux côtés des moudjahidines dans les années 1980, 'terroristes' quand ils ont attaqué les États-Unis en 2001, et 'guérilleros' en 2015, lorsque les États-Unis ont estimé que cette désignation faciliterait la pacification de l'Afghanistan.[7] Des jeux politiques pareils sont aussi à l'œuvre dans les mises à jour de la liste des organisations terroristes de l'UE. À titre indicatif, nous signalons l'inscription de la branche militaire du Hezbollah en 2013, le retrait du Hamas en 2014 et sa réinscription en 2017.[8]

Admettre la complexité de la violence politique en la nommant autrement équivaudrait pourtant à accepter que la violente opposition à la classe politique soit partie intégrante du devenir politique, ce qui impliquerait la révision de fond des rapports de pouvoir entre les gouvernements et les gouvernés, en cas de lutte armée nationale, ou entre les gouvernements et les organisations armées, en cas de lutte armée internationale. C'est justement ce refus de toute redistribution du pouvoir qui, imprégnant l'attachement tenace au terme terrorisme, malgré l'absence de fondement scientifique de celui-ci, sous-tend la sévérité excessive des peines infligées aux auteurs d'attentats et détermine les stratégies discursives de légitimation des politiques antiterroristes.

---

[7] En 2001, les États-Unis ont inscrit sur la liste 'Specially Designated Global Terrorists' ving-sept organisations et individus liés à Al-Qaïda. En 2015, le porte-parole de la Maison Blanche a déclaré que les talibans n'étaient pas considérés comme 'un groupe terroriste, même s'ils s'impliquaient dans des attentats en vue de promouvoir leur agenda' (*ABC News* 2015).

[8] Conformément à deux arrêts de la Cour de justice de l'UE, rendus respectivement le 17 décembre 2014 et le 26 juillet 2017.

La délimitation de l'objet de recherche

Notre étude n'ambitionne pas d'analyser les faiblesses politiques et conceptuelles de la définition dominante de la violence politique. Elle se contentera de mettre en lumière certaines facettes du processus de définition et d'autodéfinition de ce qui en Grèce a été respectivement appelé 'néo-terrorisme' et 'nouvelle guérilla urbaine' afin de saisir les stratégies discursives de (dé)légitimation de cette lutte armée à travers l'analyse des discours publics des uns et des autres. La définition institutio-centrique du 'terrorisme' étant en fait adoptée par la majorité écrasante de la presse, l'analyse de discours proposée ici se limitera *de facto* à la lutte armée provenant des milieux anarchistes/anti-autoritaires[9] et d'extrême gauche.

Bien évidemment, cette analyse, qui s'appuiera sur des emprunts faits à la criminologie et à la sociologie politique, ne peut écarter totalement la question de la dénomination du phénomène. Après avoir exclu le terme 'terrorisme' pour les raisons précitées, nous avons le choix entre les termes 'guérilla urbaine' et 'lutte armée'. Tenant compte du fait que la 'guérilla urbaine' vise la transformation radicale du pouvoir politique, nous estimons qu'il est inapproprié de dénommer ainsi une mouvance armée qui, comme nous verrons plus loin, adopte certes des pratiques de guérilla afin de compenser l'asymétrie du rapport de force entre les guérilleros et l'appareil étatique mais, en raison de l'individualisme affiché de son courant majoritaire, rejette d'emblée la révolution des masses et le renversement de l'ordre établi qui s'en suivrait. Par conséquent, nous utiliserons les termes neutres 'lutte armée' et 'organisations/groupes armés', qui renvoient à la principale caractéristique ontologique de cette violente action collective. À défaut de terme alternatif, nous garderons le terme 'guérilleros' pour désigner les membres de ces organisations/groupes armés.

9   Nous évitons le terme courant 'milieu anarchiste/anti-autoritaire' car ce milieu n'est plus uni. Il est fracturé et marqué par de nombreuses luttes intestines qui ne sont suspendues qu'en cas de sérieuse menace externe. Sur les mouvements anarchistes et libertaires grecs en général, voir Kritidis (2014); Apoifis (2014); Sapiera, Theodosiadis (2017); Kalamaras (2017).

La délimitation conceptuelle de l'objet de recherche impose également une précision sur la nature juridique des actes auxquels se réfèrent les communiqués de revendication d'attentat qui seront analysés plus loin. Dans l'absolu, la majorité de ces actes consiste en des infractions de gravité mineure puisqu'ils n'ont causé que des dégâts matériels, le plus souvent d'ampleur limitée. Toutefois, la législation antiterroriste en vigueur dissocie la gravité de la peine de la gravité de l'acte répréhensible, en rendant clair que les infractions énumérées par le législateur ne sont pas punies sévèrement au nom du dommage qu'elles ont réellement causé ou qu'elles auraient pu réellement causer, mais au nom du dommage envisagé ou imaginé par les auteurs des attentats. La désapprobation sur laquelle se fonde la moralité du droit de punir revêt alors un caractère éminemment symbolique, sans que ceci soit pour autant admis puisque, comme nous avons souligné plus haut, la classe politique refuse toute politisation de la lutte armée. Cette attitude du législateur délimite notre étude car la suppression de la classification des peines suivant la gravité des infractions commises entraîne, entre autres, l'effacement de la ligne de démarcation entre la violente action politique de basse intensité et le 'terrorisme', en nous obligeant d'intégrer dans notre étude tous les actes qui tombent sous les dispositions de l'art. 187A C.P.

Enfin, nous indiquons que, souhaitant contextualiser la présentation des stratégies discursives de (dé)légitimation de l'actuelle lutte armée, l'analyse des discours publics des uns et des autres sera précédée par l'exposé des dimensions objectives et subjectives de la recherche. Le bref historique de l'émergence des organisations et groupes armés en Grèce après 2008 sera complété par des références à certaines questions déontologiques portant sur la relation établie entre le chercheur et les individus peuplant son champ de recherche, ainsi que par une série de remarques méthodologiques. Une fois ces précisions offertes au lecteur, les stratégies discursives de (dé)légitimation de l'actuelle lutte armée seront étudiées en analysant respectivement la représentation de la lutte armée dans les médias conventionnels et dans un ensemble de communiqués de revendication d'attentat et d'autres textes rédigés par des guérilleros.

CHAPITRE 4

Les dimensions objectives et subjectives de la recherche

Les modifications de la lutte armée en Grèce

Déclenchée en décembre 2008, suite à l'assassinat par un agent de police d'un adolescent de quinze ans, Alexandros Grigoropoulos (*The Press Project* 2014b), la vague de contestation inédite qui a embrasé le pays a donné lieu à de nombreuses analyses aussi bien académiques (Karamichas 2009; Astrinaki 2009; Mowbray 2010; Kotronaki, Seferiades 2010, 2011; Pechtelidis 2011; Sotiris 2013; Vasilaki 2017; Papadatos-Anagnostopoulos 2018) qu'activistes (AI 2009b, 2009d; Théo Cosme 2009; Vradis, Dalakoglou 2011). Partant du principe que la révolte est 'un cumul massif et explosif de ressentiments et de modes d'agir différents' (Hardt, Holloway 2012 [2011]: 49), une explication causale, intégrant toutes les dimensions d'une colère sociale imprégnée par un sentiment d'impasse sociale, politique et existentielle, dépasserait le cadre de la présente analyse. Nous pouvons, néanmoins, avancer que cette révolte contre l'ordre établi a cristallisé la colère populaire face à l'exercice régulier des violences et abus policiers, le désespoir transclasse d'une jeunesse incapable de trouver des points de repère dans une société de plus en plus matérialiste et autoritaire, et la vulnérabilité sociale de ceux qui, subissant directement les répercussions déstabilisantes de l'expansion du néolibéralisme dans l'ère de la postmodernité (Bauman 1997, 2006a), se trouvaient déjà ou craignaient qu'ils se trouveraient marginalisés ou exposés à un état de précarité croissante.

Les voies de contestation qui ont été suivies en 2008 ont profondément modifié le répertoire d'action jusqu'alors adopté en milieu urbain (*Polytechneio 1995* 2011; Kalamaras 2013). Elles s'adressaient à une partie importante de la jeunesse qui, exigeant la démocratisation de l'État et de la société 'ici et maintenant', avait pris conscience de son propre pouvoir et du fait que le pouvoir étatique avait 'des limites et des fractures' (Pechtelidis 2011: 460), mais avait aussi réalisé qu'il était impossible d'obtenir un changement quelconque par le biais de la protestation. Renforçant la désillusion des jeunes face à l'imperméabilité du système politique aux revendications des mouvements sociaux (Pechtelidis 2011: 459), le constat d'impuissance de la protestation populaire est allé de pair avec la valorisation progressive de comportements plus revendicatifs (Geka 2012), notamment au sein d'une fraction de la jeunesse qui, familiarisée avec le recours à un répertoire d'action violent lors des protestations estudiantines de 2006–2007, a cru désormais voir en la violence une voie d'intervention légitime dans la vie publique, un moyen de légitime défense face à la violence policière (Anders 2014 [1987]).

Intégrée dans ce climat de désenchantement et de dévalorisation croissante des modes conventionnels d'action collective, l'agitation sociale et politique de 2008 a consolidé la mouvance armée en activité et a donné naissance à des organisations et groupes armés nouveaux (Kassimeris 2013, 2016). La CCF, l'organisation armée la plus emblématique de l'époque, a commencé à agir parallèlement à une foule de groupements qui, bien qu'engagés dans des modes d'action violents de basse intensité, ont contribué conjointement à l'ascension de l'anarchisme individualiste au premier rang des courants de la lutte armée. L'affaiblissement progressif de la CCF, suite aux arrestations successives de ses membres depuis 2009, la modification radicale du champ politique grec à cause du déclenchement de la crise financière en 2010 et de l'entrée au Parlement du parti d'extrême droite Aube dorée en 2012, ainsi que la sensibilisation croissante de la population aux questions environnementales, ont créé de nouvelles dynamiques, traduites par l'émergence de groupes armés d'inspiration anarcho-communiste, antifasciste et éco-anarchiste respectivement, qui agissent désormais en parallèle avec des groupes armés inspirés de l'anarchisme individualiste.[1]

L'émergence de cette nouvelle génération de guérilleros, qui n'a aucun rapport idéologique avec les formes dominantes de la lutte armée islamiste

1   Voir Tableau 1, p. 64.

du 21ème siècle, soulève inévitablement la question des (dis)similitudes avec les précédentes organisations armées grecques qui, allant de l'Organisation révolutionnaire 17-Novembre (17N)[2] et la Lutte révolutionnaire populaire (LRP)[3] à la Lutte révolutionnaire (LR),[4] ont marqué la scène politique grecque post-dictatoriale (Karabelas 2002). Au-delà de leurs divergences idéologiques, les membres de ces organisations armées partageaient une vision politique commune, à savoir le renversement de la démocratie libérale, grâce au soulèvement populaire, et l'instauration d'un nouvel ordre social et politique d'inspiration marxiste/anarchiste. Si la poursuite de cet objectif révolutionnaire rapprochait ces organisations armées de leurs homologues européennes des années 1960-1980 (Marenssin 1972; Angry Brigade 1985; Della Porta 1995; Sommier 1998, 2008; Kassimeris 2001; Steiner, Debray 2006; Ruggiero 2010; '... mia selida ...' 2010 [2005]), celles-ci s'en démarquaient quant au soutien social dont elles bénéficiaient. Leur popularité n'ayant pas été éphémère, pendant plusieurs années les attentats commis paraissaient légitimes aux yeux d'une partie de la population (*Eleftherotypia* 2002a, 2002b; Sakellariou 2003: 161–167)[5] en tant qu'actes de justice populaire face aux exactions passées du régime dictatorial et à

2   En activité de 1975 à 2002 (démantèlement), le 17N a notamment commis vingt-trois assassinats et de nombreux attentats à la bombe ayant laissé derrière des dizaines de blessés. Parmi les victimes figurent notamment le chef de poste de la CIA à Athènes, un policier-tortionnaire sous la dictature des colonels, des industriels et armateurs grecs, des militaires et diplomates étrangers, des policiers, un magistrat, un politicien et l'éditeur d'un journal.
3   En activité de 1975 à 1995 (cessez-le-feu unilatéral), la LRP a commis un assassinat, initialement sous un autre nom, et de nombreux attentats à la bombe ayant causé des dégâts matériels. La victime était un policier-tortionnaire sous la dictature des colonels.
4   En activité depuis 2003 et en démantèlement depuis 2010, la LR a notamment blessé un policier et commis de nombreux attentats à la bombe ayant causé des dégâts matériels.
5   Le 17N a été pendant plusieurs années l'organisation armée la plus populaire, bien que la base sociale de la LRP ait été beaucoup plus large. Au-delà des raisons de la baisse de la popularité de la lutte armée en général, le soutien social au 17N s'est affaibli d'abord à cause du positionnement nationaliste de ses membres et, par la suite, à cause d'une erreur opérationnelle qui, en 1992, a coûté la vie à un passant, Athanasios Axarlian.

l'ingérence des États-Unis dans les affaires internes du pays. La dynamique subversive de la lutte armée s'est toutefois graduellement estompée depuis les années 1980 suite à l'emprise des valeurs matérialistes, à l'ascension de l'individualisme dans une société de plus en plus prospère, et au déclin de l'idéologie marxiste dans l'ère post-bipolaire. Bien que la baisse de son influence ait été subtilement admise dans un texte d'un membre du 17N, Dimitris Koufondinas (2012), à partir de 2008 la conjoncture politique et économique a donné un nouveau souffle de vie à une mouvance armée affaiblie à cause de son isolement social et du démantèlement du 17N, son organisation la plus emblématique.

Il aurait été alors tentant de voir en les guérilleros actuels les héritiers de cette longue tradition d'opposition à l'ordre établi. Une telle approche aurait été par ailleurs conforme au discours hégémonique des médias conventionnels et des agences de sécurité publique qui, en qualifiant indistinctement de 'néo-terrorisme' la lutte armée manifestée après le démantèlement du 17N en 2002 (*Ethnos* 2009a), font fi de la question d'éventuelles divergences de fond entre les guérilleros d'aujourd'hui et leurs prédécesseurs, et intègrent dans un continuum opérationnel et idéologique tous les éléments relatifs au renouveau générationnel et organisationnel de cette mouvance armée (*Ethnos* 2009b).

À l'exception des critiques émises par un représentant de la vieille génération de guérilleros (Koufondinas 2009a, 2009b, 2013) et par un universitaire (Sevastakis 2009), au début des années 2010 le débat public est dominé par l'idée que les motivations et objectifs des uns et des autres sont restés essentiellement les mêmes au fil des décennies. Par la suite, cette thématique n'occupe qu'une place marginale dans le débat public, très probablement parce qu'il est estimé qu'elle a déjà été amplement couverte par les médias conventionnels. Il nous est impossible de confirmer ou infirmer l'exactitude de cette représentation médiatique de la lutte armée et, par conséquent, d'évaluer les profits politiques qui découleraient de la représentation de la violence politique comme un phénomène statique et dissocié de son cadre historique, sans procéder à une analyse du discours public des actuels guérilleros. Celle-ci ne peut, à son tour, être menée qu'après avoir préalablement abordé certaines questions déontologiques.

L'attitude du chercheur

Lorsque nous nous focalisons sur ce dialogue imaginaire, il est primordial d'avoir pleinement conscience des questions éthiques soulevées par notre démarche méthodologique. Avons-nous le droit de nous prononcer au nom d'autres personnes ? Sur quelle base épistémologique pouvons-nous nous appuyer afin de prétendre interpréter des actes commis par des individus qui, ayant assumé le risque inhérent à leurs décisions, se réalisent en intervenant violemment dans la sphère publique pour des motifs qui, au-delà de leur diversité, pourraient bien résulter d'une quête existentielle de l'absolu ? Devrions-nous constater, à l'instar de Raffaele De Giorgi (Lambropoulou 2004: 235), qu'il n'est peut-être pas possible de définir les origines de la lutte armée en général ? Devrions-nous admettre que la vérité gît dans les faits et non pas dans les discours sur ceux-ci (Cleyre 2009 [1912]: 52) ?

Ces questions dépassent la subjectivité propre à toute analyse de discours public car elles sont indissociables de l'embarras provoqué par le contraste entre l'inévitable froideur du regard externe et la ferveur existentielle de ceux qui franchissent la ligne rouge de la révolte en vue d'accorder du sens à leur vie. Bien que le fond de la relation entre le guérillero et l'observateur ne puisse jamais s'épurer de la morbidité d'une critique qui, exercée en toute sécurité, porte sur une angoisse existentielle délibérément exposée à la critique publique, la pesanteur de cette interaction pourrait être partiellement allégée si le discours public en question n'était pas abordé en tant que récit des choix personnels des guérilleros mais en tant que stratégie de positionnement individuel et collectif dans le champ politique. En s'écartant de la question des motifs sous-tendant l'action pour se focaliser sur les modes de justification de celle-ci, l'analyse vise alors à exposer les différentes stratégies discursives mises en œuvre par les guérilleros en vue de légitimer leur engagement dans la lutte armée.[6]

Il est clair que le dialogue imaginaire sur lequel s'appuie l'analyse de leur discours public se trouve forcément confronté à un obstacle majeur, à savoir la difficulté, voire l'impossibilité d'identifier des interstices susceptibles de

---

6   Sur les difficultés inhérentes aux stratégies communicatives des guérilleros, voir Irvin (1992).

nous permettre d'interpréter la frontière entre ce qui peut et ce qui ne peut pas être dit, entre ce que les guérilleros perçoivent et souhaitent propager et ce que l'observateur est en mesure de saisir et voudrait à la fois révéler. Autant les mots que les silences des deux parties relèvent des limites personnelles et des choix politiques. Car, dans une situation pareille, le narcissisme du guérillero, qui souhaite légitimer l'intervention immédiate dans le champ politique, s'oppose au narcissisme de l'observateur, qui intervient indirectement dans le même champ en réagissant à l'action du guérillero en vue de construire une interprétation de celle-ci. Dans ce double jeu de communication politique alternée, il n'y a pas de position neutre possible. Chacune des deux parties souhaite, de manière plus ou moins dominante, imposer sa propre vision du monde en se servant respectivement de la violence visible de l'action et de la violence inapparente d'une construction épistémologique. Chacune des deux parties adopte le rôle de celui qui s'appuie sur un discours parrêsiastique, lequel, dans la mesure où 'dans le discours se constitue, pour lui-même et pour les autres, le sujet qui dit vrai' (Foucault 2009: 27), prétend révéler polémiquement la vérité – soit sous la forme d'une critique sur l'État et la société existants, exprimée dans un discours révolutionnaire, soit sous la forme d'une critique sur le savoir existant, exprimée dans un discours scientifique (Foucault 2009: 29–30). L'analyse de discours proposée ici tente alors de mettre les deux parties sur un pied d'égalité, le rôle de l'observateur se limitant à l'analyse des schémas explicatifs utilisés par les guérilleros mêmes, en voyant en eux des sujets politiques énonçant publiquement un discours politique afin de légitimer leur action politique. Loin de viser à construire un discours qui se substituerait à celui des guérilleros, cette approche ambitionne d'examiner sous un œil critique le discours public de ceux-ci afin de saisir sa structuration et, par extension, sa cohérence. Par conséquent, les objections de certains guérilleros à des analyses de leur discours public effectuées par des personnes tierces[7] sont prises en considération en tant que réserves postérieures émises

---

7   Les membres de la CCF soulignent: 'Il ne faut pas s'attacher uniquement à la lecture des communiqués de revendication d'attentat. Si l'on commence à chercher la petite bête dans tel ou tel communiqué, comme s'il s'agissait de mener une analyse approfondie du texte philosophique d'un intellectuel, on ne pourra rien apprendre sur la nouvelle guérilla urbaine anarchiste et ses perspectives. [...] Les amants du

par des individus qui, mûrissant politiquement, n'adhèrent plus pleinement à la formulation de leurs textes initiaux. Mais, elles ne peuvent en aucun cas être prises au pied de la lettre, non seulement parce que ceci constituerait une tentative de censure par définition inadmissible, mais aussi, et surtout, parce que toute dénégation de la substance du discours politique du passé et de la lutte armée qui s'en suivit impliquerait la dénégation de l'existence même des guérilleros.

Sur la méthode

Cette approche de la lutte armée nécessiterait la juxtaposition des deux discours, afin de mettre aussi en lumière les modes de fonctionnement des médias conventionnels en tant que canaux de production et de diffusion d'une idéologie donnée, au sens gramscien du terme, mais aussi en tant qu'agents en quête d'augmentation de leur capital économique, social et symbolique, au sens bourdieusien du terme. Toutefois, nos contraintes rédactionnelles ne nous permettent ni de mener une véritable étude comparative ni d'y inclure une analyse du discours public des guérilleros des générations antérieures. Nous nous limiterons, alors, à la présentation de certains éléments-clés du discours public produit par ceux que nous appellerons désormais énonciateurs du discours institutionnel (politiciens, agents de sécurité publique, journalistes, universitaires) et diffusé par la presse entre le 1er juin 2009 et le 30 novembre 2011 et entre le 1er mai 2016 et le 5 mai 2017. Les articles du premier corpus sont parus dans les journaux: *Ethnos* (centre gauche), *To Vima* (centre gauche), *I Kathimerini* (centre droit, droite), *Ta Nea* (centre gauche), *Kyriakatiki Eleftherotypia* (gauche), *O Kosmos tou Ependyti* (économie). Ils proviennent de l'archive de l'auteur et des archives électroniques desdits journaux. Les articles du

---

détail sont condamnés à se noyer dans les détails sans jamais pouvoir saisir le sens d'une revendication d'attentat' (Organisation révolutionnaire anarchiste Conspiration des cellules de feu 2012b: 5).

deuxième corpus sont parus dans les journaux: *To Vima* (centre gauche), *I Kathimerini* (droite), *I Efimerida ton Syntakton* (gauche), *Ta Nea* (centre gauche), *Naftemporiki* (économie). Ils proviennent des archives électroniques desdits journaux. Nous ne citerons pas d'articles parus dans les journaux *I Efimerida ton Syntakton* et *Ta Nea* car leur contenu consiste essentiellement en la neutre description des faits et la reproduction des communiqués de revendication d'attentat. Nous ne citerons pas non plus d'articles parus dans le journal *Naftemporiki* car leurs rédacteurs n'ont défini la menace de la lutte armée qu'à l'occasion de l'envoi de colis piégés à l'étranger, en étant les seuls à exprimer une crainte d'ordre financier considérant que ces attentats mettraient en jeu des intérêts nationaux 'puisque les difficiles négociations avec les créanciers dans le cadre de la deuxième évaluation [étaient] encore en cours' (*Naftemporiki* 2017).

L'analyse de ces articles de presse ira de pair avec une analyse de contenu thématique des textes rédigés par des guérilleros, dont soixante-dix-sept ont été publiés sur le site anti-pouvoir <https://athens.indymedia.org> entre le 1er septembre 2010 et le 1er septembre 2011 et quarante-deux ont été publiés sur les sites anti-pouvoir <https://athens.indymedia.org> et <https://mpalothia.net> entre le 1er mai 2016 et le 5 mai 2017. Il s'agit des textes théoriques, des communiqués de revendication d'attentat, des lettres de guérilleros emprisonnés ou recherchés par la police, des interviews radiophoniques retranscrits, des messages de solidarité et des déclarations politiques faites devant le tribunal. Dans certains cas, leur analyse s'appuiera sur des textes antérieurs ou postérieurs aux corpus étudiés ici s'il est estimé que le contenu de ceux-ci illustre l'argument avancé. Le choix des périodes à analyser a été déterminé par l'évolution de la lutte armée afin de couvrir respectivement l'une des phases initiales et l'une des phases récentes de celle-ci.

Concernant la première période retenue, alors que l'analyse des articles de presse suit forcément les fluctuations du volume d'attentats commis et d'arrestations effectuées, celle du discours public des guérilleros reflète l'imprévisibilité de la nature de la lutte armée. Le démantèlement de la CCF étant accéléré à partir de novembre 2010, notre choix de la période à analyser a été déterminé par l'hypothèse qu'un discours public est plus révélateur lorsqu'il se positionne aussi face à l'adversité. Au lieu d'analyser le discours diffusé par les membres d'une organisation armée toute-puissante, nous avons préféré capter le discours énoncé lorsque le parcours des guérilleros est devenu turbulent (alternance d'attentats avec vagues d'arrestations, passages à la clandestinité, actes de solidarité, la fin du premier cycle de la CCF, etc.).

Nous analyserons les textes publiés sur le site anti-pouvoir <https://athens.indymedia.org> au cours de cette période, à l'exception de deux communiqués de revendication d'attentat au contenu lapidaire[8] et des textes rédigés par des guérilleros des générations antérieures. Nous excluons également un communiqué de revendication d'attentat rédigé par l'Organisation révolutionnaire du 6-Décembre (6D).[9] La richesse du contenu de ce texte, tant au niveau d'analyse de la scène politique grecque et internationale qu'au niveau du (re)positionnement de la lutte armée face aux actuels défis politiques, dépasse de loin le contenu des autres textes de la même période, rendant la comparaison impossible. Étant donné que, en outre, le 6D n'avait publié que ce communiqué sur le site anti-pouvoir <https://athens.indymedia.org> pendant cette période, nous avons estimé que ce texte n'était pas suffisamment représentatif du discours public des guérilleros pour qu'il soit analysé ici. Parmi les textes finalement retenus, trente-six sont anonymes ou portent les signatures de divers groupes armés, lesquels parfois agissent conjointement; trente-et-un sont signés par la CCF, parfois en collaboration avec d'autres groupes armés; onze sont signés par certains anarchistes à titre individuel. Il va de soi que les différentes signatures posées en bas des communiqués de revendication d'attentat ne renvoient pas forcément à autant de groupes armés mais, le contenu de ces textes ne laissant pas d'ambiguïtés quant à la nature politique des objectifs poursuivis par les rédacteurs, nous les avons inclus sans exception à notre corpus d'analyse.

La question de l'équivalence entre les groupes armés, les signatures posées en bas des communiqués de revendication d'attentat et la nature politique des objectifs poursuivis par les rédacteurs de ces communiqués s'est posée de manière plus aiguë par rapport aux textes de 2016–2017, nous obligeant à ne pas tenir compte de dix communiqués de revendication d'attentat qui avaient été publiés pendant cette période sur les sites anti-pouvoir

---

8   Publiés le 3 novembre 2010, ces textes ont trois et cinq lignes respectivement.
9   Publié le 21 avril 2011.

précités. Les ambiguïtés auxquelles nous faisons allusion nous paraissent bien illustrées par le communiqué du groupe Cellule de diffusion de la violence de révolte/FAI-IRF, qui en 2016 revendique l'incendie criminel d'une pelleteuse utilisée dans les travaux de construction d'une ligne de métro qui traverserait Exarcheia (mpalothia.net 2016b), le quartier phare des milieux anarchistes et anti-autoritaires d'Athènes. Or, les travaux en question devraient commencer en 2019 (Athens transport 2018). Parmi les quarante-deux textes analysés ici, onze sont anonymes; les autres portent les signatures de divers groupes armés, parmi lesquels figure la CCF, sans qu'elle y occupe pour autant une position dominante.

Nous sommes conscients que l'analyse de ces textes est forcément partielle et partiale car, au-delà de la subjectivité inhérente à la démarche même, elle vise à capter un discours doublement collectif, en tant que produit de travail rédactionnel collectif et en tant que summum de discours issus de plusieurs organisations et groupes armés qui divergent quant aux objectifs qu'ils se fixent et aux moyens utilisés à cette fin, mais aussi quant au capital social et culturel de leurs membres.

Cette analyse est aussi circonscrite car, de par la délimitation de son terrain d'enquête, elle exclut le discours des guérilleros qui ne se sont pas manifestés durant les périodes étudiées ou n'ont pas publié leurs textes sur les deux sites anti-pouvoir précités. Ces limites, qui écartent l'analyse des thèses de la Secte des révolutionnaires (SR)[10] ou du Groupe des combattants populaires,[11] par exemple, influencent l'étude de la représentation médiatique de la lutte armée puisque les articles de presse relatifs à ces organisations/groupes armés ne peuvent être pris en considération qu'à titre auxiliaire, dans la mesure où ils apportent des précisions sur certaines questions à part.

L'analyse proposée ici est aussi limitée quant à ses conclusions puisque, souhaitant interpréter un discours collectif en évolution, elle ne peut qu'en tirer des conclusions provisoires et, à ce titre, simplement indicatives d'un processus en cours. À ces limites s'ajoute enfin celle produite par le choix de

10   Active entre 2009 et 2010, la SR a notamment commis deux assassinats. Les victimes étaient un policier et un journaliste.
11   En activité depuis 2013, ce groupe a notamment commis des attentats à la bombe et à la kalachnikov ayant causé des dégâts matériels.

Les dimensions objectives et subjectives de la recherche 35

notre angle d'attaque, qui restreint l'analyse à une seule facette du discours public en question, à savoir les stratégies de légitimation de la lutte armée, laissant ainsi de côté plusieurs autres éléments liés, par exemple, à la mise en avant narcissique d'un Moi supérieur et autoritaire au sein de la société, à la spectacularisation de la lutte armée ou à l'impact de la vie carcérale sur la perception de la lutte armée par les guérilleros emprisonnés.

Le choix de notre approche restreint aussi notre analyse de la représentation médiatique du phénomène. Étant donné que celle-ci vise à mettre en lumière les principales stratégies discursives de (dé)légitimation de la lutte armée, nous ne nous pencherons pas sur certains modes habituels de construction sociale de la menace, notamment l'amplification de la dangerosité du menaçant autre par le recours à des outils rhétoriques. Nous écarterons également de notre analyse certaines pratiques de la police antiterroriste, telles que la distorsion de la vérité,[12] ou la propagation d'informations erronées afin de désinformer le public[13] ou de provoquer une réaction souhaitée dans certains milieux. Enfin, nous ne tiendrons pas

12   À titre indicatif, nous citons les références abusives au 'démantèlement' de la LRP en 2003 (*To Vima* 2010b, 2010d; *Ethnos* 2011b), lequel, une fois corrélé au démantèlement du 17N, crée l'impression que le début des années 2000 a été marqué par la répression efficace des deux organisations armées les plus emblématiques de la période post-dictatoriale. L'usage systématique de ce terme néglige pourtant le fait qu'il n'est pas concevable de démanteler en 2003 une organisation armée qui avait annoncé un cessez-le-feu permanent en 1995. De même, il passe outre le fait que, tous les accusés de participation à la LRP et aux attentats commis en son nom ayant été irrévocablement acquittés par la Cour d'appel d'Athènes, le 3 décembre 2009, l'usage ultérieur de ce terme correspond en fait à un discrédit jeté sur une décision de justice.

13   Parmi les cas où les médias font de la 'propagande en suscitant l'horreur' (Marlin 2002: 70), nous citons un article de presse, basé sur 'des conversations téléphoniques retranscrites, versées au dossier d'instruction' (*I Kathimerini* 2010a), qui dénonçait le contenu inhumain d'une conversation téléphonique entre deux membres de la LR, juste avant l'explosion d'une bombe orpheline au centre-ville d'Athènes ayant tué un migrant afghan de quinze ans, Hami Natzafi, et blessé sérieusement sa petite sœur. Toutefois, il a été révélé plus tard que la seule conversation téléphonique versée à ce dossier d'instruction avait eu lieu bien après l'explosion de la bombe et, en tout cas, ne contenait aucun commentaire dévalorisant (*To Vima* 2010a).

compte des fluctuations de la fréquence d'apparition ou de disparition de certaines thématiques car l'apparition/disparition, soudaine ou progressive, d'articles de presse sur une 'menace' est associée à une série d'enjeux politiques, sociaux et bureaucratiques (Tsoukala 2012) dont l'étude dépasse le cadre de notre recherche. En l'occurrence, l'analyse de l'argumentaire des énonciateurs du discours institutionnel se limitera à l'éclaircissement de certaines facettes de la représentation du profil idéologique de la lutte armée dans la presse, sans que cela implique pour autant l'évaluation de la véracité des informations avancées à cette fin.

CHAPITRE 5

La représentation médiatique de la lutte armée

Partant du principe que l'influence de la presse sur la formation de l'opinion publique n'est ni linéaire ni quantifiable (Jewkes 2004; Maigret 2004), la présentation du discours public sur la lutte armée s'appuie sur l'idée que 'le langage politique *est* la réalité politique [non seulement parce que] il n'y en a pas d'autre, du moins en ce qui concerne la signification que les évènements revêtent aux yeux [...] des spectateurs' (Edelman 1991 [1988]: 196), mais aussi parce que le récit lui-même dénote une volonté politique de formation du sens que l'opinion publique doit donner aux évènements (Chasapi 2013; Skoulas 2015).

La perception de la législation antiterroriste par les représentants de l'appareil répressif ayant essentiellement assimilé la lutte armée aux milieux anarchistes et d'extrême gauche, la couverture médiatique de l'unique engagement des poursuites pour 'terrorisme' contre les membres d'un groupe d'extrême droite ne nous permet ni de procéder à des comparaisons approfondies ni d'en tirer des conclusions généralisables. Nous nous contenterons alors de faire deux remarques. Premièrement, la faible étendue de la couverture des faits par la presse nationale, en liaison avec l'absence d'analyses journalistiques, juridiques ou universitaires sur l'intérêt que revêtait l'engagement de ces poursuites, ont minimisé l'importance politique et juridique du procès des membres du groupe Epsilon EY, lequel a été pratiquement couvert par la presse locale (*Tharros* 2016; *Eleftheria* 2016). Cette discrète couverture médiatique de la condamnation des premiers 'terroristes' d'extrême droite à de lourdes peines de prison a largement facilité l'oubli collectif des faits et, par extension, a davantage consolidé auprès de l'opinion publique l'idée que le 'terrorisme' ne dérive que de certains milieux politiques. Deuxièmement, nous observons que les journalistes ont scrupuleusement respecté l'anonymat des extrémistes de droite arrêtés et ultérieurement condamnés pour 'terrorisme' (*To Vima* 2015; *I Kathimerini* 2015), en se démarquant ainsi des habituelles pratiques journalistiques de levée de l'anonymat et de révélation de plusieurs aspects de la vie personnelle et familiale des anarchistes et extrémistes de gauche arrêtés pour 'terrorisme' (*To Vima* 2010f; *I Kathimerini* 2013). Bien évidemment, nous approuvons l'absence de stigmatisation tant des suspects/condamnés pour 'terrorisme' que de leur milieu familial et social, celle-ci étant d'ailleurs conforme aux règles de déontologie journalistique. Néanmoins, lorsque ces règles d'éthique professionnelle ne sont appliquées qu'en fonction des convictions politiques des auteurs des faits, elles finissent par renforcer davantage la puissante mise en avant de l'image d'une seule et unique matrice politique du 'terrorisme'.

En ce qui concerne la couverture médiatique de l'action des organisations et groupes armés anarchistes et d'extrême gauche, tout en reconnaissant l'émergence d'une nouvelle génération de guérilleros, le discours public met l'accent sur le continuum opérationnel entre les actuels guérilleros et leurs prédécesseurs, sans jamais soulever la question des (dis)continuités éventuelles entre ce qui est constamment appelé 'néo-terrorisme' et les organisations armées du passé. Le profil idéologique de la nouvelle génération de guérilleros est essentiellement défini en 2009–2011. Au cours de cette période, la représentation de la mouvance armée par les énonciateurs du discours institutionnel s'élabore de manière quasiment statique et se structure autour de trois catégories d'arguments, focalisés respectivement sur l'irrationalité, le rang subalterne et la nature délinquante du 'néo-terrorisme'. Parmi ces arguments, seul le dernier est repris en 2016–2017, parallèlement à un nouvel argumentaire axé sur l'ampleur de la menace de la lutte armée.

Une violence dénuée de sens

En adoptant l'un des principaux procédés de construction sociale de la menace,[1] à savoir enlever son sens à un phénomène social ou politique 'menaçant' en le dissociant de son cadre historique (Tsoukala 2006c, 2008c;

---

1   Les procédés de construction sociale de la menace se trouvent au cœur de

McGovern 2011: 2025),[2] les énonciateurs du discours institutionnel annoncent d'emblée leur position en refusant d'intégrer la lutte armée dans le contexte social et politique du pays. Bien que, comme nous verrons plus loin, les guérilleros lient explicitement leur action au fonctionnement de la société et de l'appareil étatique, leurs attentats sont invariablement présentés comme 'incohérents' (*Ethnos* 2009b) ou, tout au moins, comme des actes

> dont les messages et objectifs sont difficiles à déchiffrer ... [car] la difficulté de lier les cibles aux motifs de leur victimisation crée l'impression qu'il s'agit de cibles aléatoires, conjoncturelles, choisies selon des critères d'ordre psycho-sentimental, innocentes, et que, en tout cas, il s'agit d'attentats dépourvus de raison et, surtout, de message.
>
> (Vidali 2010a)

Les attentats sont alors considérés comme particulièrement menaçants non seulement à cause de l'atteinte portée à l'ordre social mais aussi parce que, loin de transmettre un message politique clair, ils reflètent 'une vérité absurde ... [qui reste] incompréhensible à nous tous' (Giatromanolakis 2009). Parfois, leur irrationalité donne matière à des titres sensationnels annonçant des 'Terroristes sans cause' (*To Vima* 2010g), ou des 'Bombes à fragmentation irrationnelle' (*I Kathimerini* 2010c). Une fois intégrés dans un champ d'action inintelligible, les attentats échappent totalement à tout schéma explicatif des objectifs ainsi poursuivis et à toute évaluation possible des répercussions de leur dangerosité, celle-ci étant dès lors perçue comme potentiellement illimitée et donc incontrôlable. Par conséquent, en pleine méconnaissance du fait que les organisations armées du passé avaient souvent ciblé des particuliers sans que cela crée un sentiment d'insécurité au sein de la société, l'assassinat d'un journaliste, ex-rédacteur en chef des émissions de télévision à scandale 'Presse jaune' et 'Jungle' et conseiller en communication d'un puissant homme d'affaires, est présenté comme

---

nombreuses recherches qui, en poursuivant la réflexion sur la notion de panique morale (Critcher 2006; *The British Journal of Criminology* 2009), s'inscrivent dans la continuité des travaux pionniers de Stanley Cohen (1972) et de Stuart Hall et al. (1978).

2   Ce processus n'est pas mis en œuvre dans tous les cas de figure. Pendant la période du maccarthysme, par exemple, les adversaires politiques ont été démonisés en raison justement de leur association à un cadre idéologique donné (Viltard 2001).

un phénomène inédit, incompréhensible, qui 'intimide davantage, et de manière prégnante, le citoyen ordinaire en suscitant en lui la crainte qu'il peut à tout moment devenir victime, même s'il n'a aucun rapport avec la vie publique' (Vidali 2010a).[3]

Face à cette menace illimitée, des voix s'élèvent pour poser des questions rhétoriques sur le mal indéfini qui empoisonne la jeunesse du pays (Panousis 2010), ou pour attribuer l'émergence des 'néo-terroristes' à des causes dépolitisées, d'ordre biopsychologique ou culturel. Il est alors affirmé que l'engagement dans la lutte armée est propre à des 'prédispositions irrationnelles au refus et à la destruction parmi les adolescents et post-adolescents' (Rigopoulou 2010), ou que le passage à l'acte est facilité par la graduelle montée en puissance des relations individualistes, concurrentielles au sein de la société (Vidali 2009), ou par la prédominance d'un imaginaire collectif construit autour d'exploits historiques, survenus contre les Perses dans l'antiquité, les Ottomans, ou les Allemands sous l'Occupation (Psychogios 2010).

Les rares tentatives d'interprétation de la lutte armée en termes politiques et économiques restent imprécises et superficielles quant au choix de leur angle d'attaque et à la portée de leur analyse. Parfois, les attentats sont intégrés dans un cadre sociopolitique vaguement problématique pour être présentés en tant qu'actes commis par de 'jeunes gens qui voient en ce type d'action une solution ou un mode d'expression sociale ... [alors qu'en fait il s'agit] d'un défoulement ... [ou] des issues de secours fictives [à] un sentiment d'injustice et de désillusion' (Vidali 2010b). D'autres fois, ils sont attribués à une réaction psychologique à l'actuelle crise financière et, en comparant la lutte armée d'aujourd'hui avec celle du passé, on considère que

> on ne peut plus analyser des phénomènes apparemment semblables comme on les analysait avant l'avènement de la crise financière, internationale et grecque à la fois. Car on doit désormais tenir compte d'autres facteurs, tels que les effets de la crise financière sur l'inconscient collectif.
>
> (Vidali 2010a)

---

3   D'après le contexte, il est clair que le citoyen ordinaire n'est pas victimisé en tant qu'éventuel 'dommage collatéral' mais en tant que cible absurde.

Dans cette ligne de pensée, on estime que l'évolution de la mouvance armée est inextricablement liée aux répercussions psychologiques de la crise financière sur la population et on avance que

> des solutions pareilles pourraient se multiplier dans le contexte de la crise et des impasses auxquelles elle conduit les jeunes (et pas qu'eux) ... [car] le raisonnement 'Puisque je n'ai rien à perdre, pourquoi ne pas poser une bombe ?' [pourrait] revêtir un sens positif aux yeux de ceux qui subissent la pression de la crise.
>
> (Vidali 2010b)

Même lorsque la lutte armée est explicitement associée à la révolte de 2008, les attentats ne sont pas investis de sens, les énonciateurs du discours institutionnel refusant d'accorder un sens politique quelconque à la violence des sujets révoltés ou, tout au moins, de reconnaître la fonction innée de la violence de fonder le droit (Benjamin 2012 [1921]). Ils ne tiennent pas compte de la réflexion de Hanna Arendt (1972 [1969]: 162) que 'dans le cas où l'on a de bonnes raisons de croire que [les] conditions pourraient changer, et qu'elles ne le sont pas, [...] lorsque notre sens de la justice est bafoué [...] la violence [...] devient l'unique façon de rééquilibrer les plateaux de la justice'. Au contraire, ils considèrent que 'la violence sans cause a généré l'adhésion sans cause à des groupes qui gèrent, eux aussi, des phénomènes de violence' (*To Vima* 2011b). Dans d'autres cas, l'association de la lutte armée à la révolte de 2008 se fait afin de dénoncer le laxisme des parents, en estimant que les jeunes ont eu recours à cette forme de violence

> lorsque les adultes ont justifié leur rage, ont loué leur réaction, ont applaudi leurs actes extrémistes. Lorsque les parents les ont poussés à endosser le rôle de premier plan que ceux-ci ne pouvaient plus revendiquer. Lorsque la société ne leur a pas montré avec amour et sévérité la limite et la mesure des choses... [en créant ainsi] des terroristes sans cause. Des rebelles sans raison. Des criminels sans connaissance de cause... [qui] ont cru en l'infaisable. Et ils ont essayé de devenir ce qui n'existe pas.
>
> (*To Vima* 2010g)

Toutefois, le mécanisme qui cherche à enlever son sens à la lutte armée n'est pas mobilisé de manière identique envers toutes les organisations armées. Alors qu'il constitue le principal mode de représentation des attentats commis par la CCF, par exemple, il est rarement mis en œuvre en cas d'attentat commis par la SR. Cette organisation armée, à la composition opaque et aux objectifs idéologiques clairement distincts de ceux des mouvances armées du passé (*To Vima* 2010c),[4] est présentée comme 'la première organisation grecque à adhérer pleinement au nihilisme [...] et, contrairement à la Lutte révolutionnaire ou au 17N, à ne pas s'intéresser à la perspective révolutionnaire' (*I Kathimerini* 2010b). Il est à noter que cette représentation du profil idéologique de la SR, en opposition totale à l'image véhiculée des autres organisations et groupes armés en activité, entre aussi en rupture avec la dominante conceptualisation du 'néo-terrorisme' puisqu'elle obéit à des critères strictement idéologiques et non pas chronologiques. Alors que la LR est en principe intégrée dans le 'néo-terrorisme' suivant l'idée qu'elle a fait son apparition après le démantèlement du 17N, lorsqu'elle est mentionnée parallèlement à la SR elle est placée à côté des organisations armées du passé au nom de ses affinités idéologiques avec celles-ci. Cherchant à confirmer leur point de vue, les journalistes accordent la parole à

> des anarchistes chevronnés ... [qui, en admettant que] les gamins ont du mal à entendre et encore plus du mal à accepter un contrôle quelconque ... [estiment que] il ne s'agit pas de la deuxième génération de 'guérilla urbaine' post-dictatoriale. Il s'agit d'une autre génération. Très différente. [...] Leur réflexion et leur action sont dominées par le nihilisme.

> (*I Kathimerini* 2009a)

Le souhait de dissocier complètement la SR de la mouvance armée du passé est si évident que certains journalistes, supposant que l'opinion publique n'est pas familiarisée avec la théorie nihiliste, n'hésitent pas à adopter une approche pédagogique en étayant les origines et les caractéristiques de l'actuel courant nihiliste et en juxtaposant ses thèses avec celles affichées dans les communiqués de revendication d'attentat de la SR (*To Vima* 2010e).

Certes, l'ample présentation des origines idéologiques de la SR met en lumière les différences de son traitement médiatique par rapport à celui réservé aux autres organisations et groupes armés, mais force est de constater que cette différentiation est plutôt superficielle. En fait, les attentats commis par la SR ne sont pas davantage investis de sens que ceux commis par d'autres guérilleros car l'attribution de l'identité nihiliste n'est pas allée

---

4 Notre étude se focalisant sur la représentation médiatique de la lutte armée, elle ne soulève pas de questions quant à l'identité et aux objectifs de la SR.

de pair avec une analyse des facteurs sociaux, politiques ou culturels censés être à l'origine de l'engagement de certains individus dans la lutte armée nihiliste. Tout en préservant son profil menaçant pour la société et l'État, le 'nihilisme' évoqué par les médias se transforme en coquille interprétative vide puisque ses causes génératrices et, par extension, la quête d'une issue éventuelle pour la société restent vaguement formulées. La dépolitisation de ces attentats, grâce à leur dissociation de l'actuelle conjoncture politique et économique, les rend aussi impénétrables que ceux commis par les membres d'autres organisations et groupes armés.

En ce qui concerne les autres guérilleros, l'accent mis sur le caractère incompréhensible, voire irrationnel de leurs attentats s'appuie, à son tour, sur un double argumentaire. Partant d'un fait – l'absence de cadre théorique suffisamment élaboré pour rendre intelligible l'engagement dans la lutte armée – (*Ethnos* 2009b), l'argumentaire à l'œuvre transforme par la suite une hypothèse en réalité objective: l'absence de raffinement théorique des textes rédigés par des guérilleros est censée prouver l'absence de fondement idéologique. Il est alors affirmé que les groupes armés d'aujourd'hui 'sont dépourvus de cadre théorique et d'idéologie' (*Ethnos* 2009b), leurs communiqués de revendication d'attentat étant des 'textes idéologiquement creux' (*To Vima* 2010d). Suivant cette ligne de pensée, il est estimé que:

> Leur objectif… c'est la pagaille. C'est souvent sanglant, mais c'est de la pagaille. Étourdis par l'idéologie, ils ne prêchent rien, ils tuent les 'ennemis' ou posent des bombes contre des 'cibles ennemies'. Ils se sentent plutôt comme des protagonistes dans ces jeux vidéo de dernière génération où l'on gagne des points en tirant dans tous les sens.
>
> (*I Kathimerini* 2010c)

Invariablement exprimé avec des phrases plus ou moins semblables, le refus d'admettre que la lutte armée puisse disposer de fondement idéologique reste pourtant lacunaire car il s'appuie sur une analyse particulièrement faible. Alors que la mouvance armée est censée être dénuée de tout fondement idéologique cohérent, ce vacuum interprétatif n'est pas rempli par une explication alternative susceptible d'investir d'un autre sens ces attentats ou, au contraire, de les définir explicitement comme pathologiques. Une fois intégrées dans le champ du non signifiant, les origines de ces attentats planent au-dessus d'un espace politique fort réduit, dont les limites sont fixées par ce qui peut être attribué à 'des initiatives personnelles et « provisoires »' (*Ethnos* 2009b).

Enlever son sens à la lutte armée constitue l'un des principaux procédés de représentation médiatique du phénomène en Grèce, mais ceci est loin d'être le cas en Italie où les relations entre guérilleros grecs et italiens sont attestées depuis 2011, quand la CCF a annoncé sa participation à la FAI/IRF. La couverture par la presse italienne de l'attentat commis par la FAI/Cellule Olga[5] contre Roberto Adinolfi[6] et de l'annonce de futurs attentats en signe de solidarité envers les guérilleros emprisonnés de la CCF, par exemple, présente clairement le profil anarchiste-insurgé de la FAI et de la CCF (*Corriere della sera* 2012; *La Stampa* 2012), tout en exposant en détail les motifs politiques des attentats aussi bien commis qu'annoncés, en citant de longs extraits des communiqués en question (*La Repubblica* 2012).

Le rang subalterne des guérilleros

La vague présentation du profil idéologique du courant majoritaire de la lutte armée contemporaine facilite la mise en avant de l'image d'un continuum entre les organisations armées d'aujourd'hui et celles du passé. Bien que le fond du raisonnement ne soit jamais exposé, il est admis comme s'il s'était avéré qu'il y a une continuité idéologique entre la CCF, ses groupes satellites et les organisations armées antérieures. Cette continuité idéologique est présentée comme le corollaire d'une continuité opérationnelle à laquelle se réfère la police comme si elle était évidente sans qu'elle n'ait jamais prouvé en public ses affirmations. Comme nous verrons plus loin, l'idée du continuum est parfois appliquée aussi dans le cas de la SR, même si d'autres fois ceci est *de facto* réfuté puisqu'il est avancé que la SR est en rupture idéologique avec le passé. En tout cas, ce continuum est conçu en termes d'inégalité générationnelle, les jeunes guérilleros occupant un rang subalterne par rapport à leurs aînés – ce qui, à son tour, renforce

---

5   Référence à Olga Oikonomidou, qui était alors accusée de participation à la CCF.
6   Directeur d'Ansaldo Nucleare.

implicitement l'hypothèse du continuum idéologique entre les uns et les autres.

Présenté sous la forme de cercles concentriques qui se recoupent partiellement, ce continuum est d'abord censé régir les relations entre la nouvelle génération de guérilleros et la LR. Malgré le fait que les thèses de la LR, qui sont exposées aussi bien dans ses communiqués de revendication d'attentat que dans des textes rédigés par ses membres (Gournas, Roupa, Maziotis 2011; Assemblée sur l'affaire Lutte révolutionnaire 2012a, 2012b), correspondent aux thèses des organisations armées du passé, les énonciateurs du discours institutionnel se contentent de la date de son apparition (2003) pour considérer qu'elle fait partie intégrante du 'néo-terrorisme', au même titre que les organisations et groupes armés actuels. Ce rapprochement de guérilleros appartenant à des générations différentes et, comme nous verrons plus loin, adhérant à des théories politiques différentes, permet à la police d'affirmer catégoriquement qu'il y a beaucoup de liens entre la CCF et la LR. Les références à des liens d'amitié, noués à un moment indéfini dans le passé (*Ethnos* 2011a), vont ainsi de pair avec de longues descriptions des liens opérationnels attestés par la présence des 'personnes de liaison' (*To Vima* 2011a, 2011c). On avance, par exemple, que 'des officiers de la police antiterroriste attribuent la réflexion stratégique des membres [de la CCF] à l'influence de la Lutte révolutionnaire' (*I Kathimerini* 2010f) et identifient même des cas 'd'attentats commis conjointement par des organisations armées grecques' (*To Vima* 2011c). Il est aussi précisé que la CCF était depuis longtemps considérée comme 'une organisation « d'apprentis » terroristes sous la tutelle de la Lutte révolutionnaire, qui l'équipait en explosifs pour la fabrication de bombes' (*Ta Nea* 2011), ou que la Lutte révolutionnaire fonctionnait en tant que 'organisation centrale' vis-à-vis de la CCF (*Ta Nea* 2010b), prenant toujours soin de laisser assez de 'marges de liberté d'action pour satisfaire l'élan des petits de la Conspiration et leur besoin de consolider leur statut de guérillero' (*To Vima* 2010d). Sans doute, la continuation et l'intensification de l'action de la CCF après l'affaiblissement de la LR, en démantèlement depuis 2010, ont porté atteinte à la crédibilité de ces récits, sans que cela mène pour autant à l'avancement d'interprétations alternatives susceptibles de réviser l'argumentaire initial.

La focalisation sur le rang subalterne de la nouvelle génération de guérilleros s'appuie sur l'idée que l'influence de leurs aînés remonte très loin dans le temps, bien avant la LR. Ce continuum est présenté comme véridique afin d'affirmer que la LR avait, à son tour, agi sous les instructions des membres emprisonnés du 17N (*Ta Nea* 2010a), ou que les actuelles organisations et groupes armés ambitionnaient de 'rétablir une variante « restaurée » de la scène terroriste des années 1970 et 1980' (*O Kosmos tou Ependyti* 2010b). Nourri exclusivement par des sources policières non confirmées, l'argumentaire sur le rang subalterne de l'actuelle génération de guérilleros est mis en avant comme une évidence. Ceci nous paraît bien illustré par les titres d'articles de presse informant le lecteur qu'il y a 'Des meneurs chevronnés derrière les bombes' (*I Kathimerini* 2010d), que 'La police recherche les armes et les meneurs' (*To Vima* 2011a), que les jeunes guérilleros posent 'Des bombes sous l'aile des meneurs' (*I Kathimerini* 2010e) ou que 'La vieille génération guide les néo-terroristes' (*Ethnos* 2009a). L'image de l'influence transgénérationnelle, qui est accréditée grâce à la grande visibilité et l'excès de persuasion que lui garantissent les titres des articles de presse,[7] se reproduit sous diverses formes, qui s'accordent pourtant toutes sur le fait que 'l'action de la soi-disant « nouvelle » génération de terroristes est guidée par de vieux cadres « expérimentés » du milieu anarchiste/anti-autoritaire' (*I Kathimerini* 2010e), à savoir des membres d'organisations inactives, qui ont transmis leur savoir-faire à la nouvelle génération (*To Vima* 2010f, 2011a). Mobilisés par la police, ces récits peuvent être convergents ou divergents, mais dans tous les cas ils offrent au lecteur des descriptions fort détaillées qui, entre autres, renforcent leur crédibilité:

> Un sexagénaire, qui participait activement à 'l'agitation révolutionnaire' post-dictatoriale et qui, très probablement, fut l'un des fondateurs des organisations terroristes ayant vu le jour au cours de cette période, est soupçonné par la police d'avoir mis en place le néo-terrorisme et d'avoir déclaré la 'nouvelle étape' de la guerre. [...] Il a réussi à rester hors d'atteinte pendant la période du démantèlement du 17N et de la LRP.
>
> (*Ethnos* 2009a)

7   Comme Andreas Freund a justement observé (1991: 68), 'la portée de la désinformation qui peut se glisser dans le choix du titre [...] donne une orientation qui incite quelquefois le lecteur pressé à s'abstenir de lire l'article lui-même'.

On considère que la mise à niveau de la CCF est attribuable à un quadragénaire, qui dans le passé était membre du noyau dur des organisations 'Action révolutionnaire populaire' et 'Guêt-apens', ainsi qu'à un autre homme, du même âge, qui fut l'un des instigateurs de l'organisation 'Cellules révolutionnaires', laquelle a été active de 1997 à 2001.

(*To Vima* 2010f)

Au début, la 'Conspiration' était l'œuvre de deux anti-autoritaires qui, en 2007, avaient été impliqués dans un cambriolage de banque. Ensuite, l'organisation a été renforcée par des membres des groupes 'Volonté populaire' et 'Action révolutionnaire populaire', qui les ont initiés à la 'technique' des bombes dans des cocottes minute. Il semble pourtant que, par la suite, l'organisation a accordé un rang important à un particulier [...] qui était l'instigateur de la 'Brigade révolutionnaire'.

(*To Vima* 2011a)

Alors que certains articles attestent la rupture idéologique de la SR avec le passé (*I Kathimerini* 2009a, 2010b; *To Vima* 2010c, 2010e), dans d'autres cas l'organisation est, elle aussi, incluse dans le continuum trangénérationnel. Par conséquent, selon des sources policières:

Les organisations du soi-disant 'néo' terrorisme, parmi lesquelles se trouvent la 'Lutte révolutionnaire' et la 'Secte des révolutionnaires', sont contrôlées et coordonnées par une direction centrale commune, composée de personnes qui auraient participé à des organisations actives avant le démantèlement du '17N' et de la 'Lutte révolutionnaire populaire'. Le point tournant dans la configuration du nouveau paysage fut le démantèlement de la LRP et l'apparition des 'Cellules révolutionnaires'.

(*I Kathimerini* 2009b)

Les nouvelles organisations terroristes ('Lutte' et 'Secte') sont issues d'une partie jusqu'alors inactive d'organisations passées (notamment de l'organisation-fantôme '1er mai' et d'une partie dissidente de la LRP qui, en 1995, 'n'était pas d'accord avec la décision du cessez-le-feu').

(*I Kathimerini* 2009a)

Appliquant les méthodes habituelles du reportage (Koren 1996: 174–179), les défenseurs de cette thèse ont essayé de la rendre crédible en ayant recours à la répétition en vue d'instaurer cette 'pensée unique' dénoncée par Ignacio Ramonet (1995), laquelle, une fois établie, 'étouffe toute tentative de réflexion libre et rend fort difficile la résistance'. Force est pourtant de constater que la large diffusion d'informations sur la continuité ininterrompue entre les jeunes guérilleros et leurs aînés, qui cherche à accréditer l'idée d'un continuum de la menace de la lutte armée sans, toutefois, mettre en cause l'efficacité de la police, qui se présente toujours bien renseignée et en état d'alerte permanent,[8] n'arrive pas à construire un discours cohérent. Les incohérences de cette stratégie discursive ne résultent pas uniquement des problèmes liés à sa dépendance d'informations non confirmées. En d'autres mots, même si cet argumentaire est fragile dans la mesure où il s'appuie sur un savoir hypothétique qui, à défaut d'arrestations qui confirmeraient son bien-fondé, ne peut pas prétendre être véridique mais peut tout de même laisser planer l'idée qu'il pourrait l'être ou le devenir, sa faiblesse majeure est due au fait qu'il n'offre pas de schéma explicatif rationnel de ce qu'il prétend interpréter. Car, en assimilant abusivement l'éventuelle continuité opérationnelle à la continuité idéologique, ces récits journalistiques n'abordent ni le positionnement des guérilleros dans le champ politique ni les objectifs poursuivis dans chaque cas de figure, finissant ainsi par effacer le sens politique de l'engagement dans la lutte armée. Les références à l'orientation nihiliste des organisations ou groupes armés n'expliquent pas pourquoi certains guérilleros plus âgés, en principe attachés à la vision de la révolution sociale, conformément à leur idéologie marxiste/anarchiste, souhaitent transmettre leur savoir-faire aux jeunes, alors qu'ils sont conscients du fait que ceux-ci 'suivent d'autres voies, loin des idéologies, des objectifs et des pratiques [du passé]' (*I Kathimerini* 2009a). Ces divergences de fond entre les différentes générations de guérilleros, et même au sein de la nouvelle génération de guérilleros, sont faciles à dissimuler lorsque, justement, les énonciateurs du discours

---

8 Cette pratique remplit de nombreuses autres fonctions que, pour des raisons pratiques, nous ne pouvons pas analyser ici. Nous nous limiterons à noter que la diffusion systématique de l'image d'une police efficace, bien renseignée, travaillant de manière rationnelle et ne perdant jamais le contrôle, rassure la population et la classe politique quant à sa capacité à défendre la souveraineté interne de l'État. En outre, elle renforce les relations de la police avec son ministre de tutelle puisqu'elle lui permet de dresser des bilans d'action positifs et de justifier ses demandes d'augmentation de budget, tout en améliorant le classement hiérarchique et les perspectives de carrière des policiers concernés. D'un autre côté, cette pratique fait partie intégrante de la lutte antiterroriste dans la mesure où les fuites contrôlées à la presse visent à provoquer des réactions de la part des guérilleros et de leurs proches.

institutionnel passent sous silence l'adhésion de certains guérilleros au nihilisme. Dans tous les cas de figure, ces récits journalistiques ont un dénominateur commun. Ils se forcent de créer l'impression d'une continuité idéologique au sein des milieux engagés dans la lutte armée afin de promouvoir une seule information: l'existence de la menace de la violence politique, laquelle, conçue indépendamment des motifs idéologiques des guérilleros, doit tout simplement être attestée pour mobiliser toute la société et obtenir un large consensus social en faveur de sa répression sévère (Herman, Chomsky 1988; Chomsky 2007).

La nature délinquante de la lutte armée

L'image d'une mouvance armée au profil idéologique confus, implicitement inscrit dans le parcours des organisations armées du passé, lesquelles, en tout cas, sont censées être favorablement disposées envers la nouvelle génération de guérilleros, est complétée par l'insistante affirmation que les guérilleros entretiennent de relations étroites avec des délinquants de droit commun (*Ethnos* 2009a). En 2009–2011, des journalistes, appuyés sur des fuites policières, mais tenant aussi compte du fait que certains communiqués de revendication d'attentat contenaient des messages de solidarité envers des délinquants de droit commun recherchés par la police (AI 2011e), estiment que 'la délinquance de droit commun et le néo-terrorisme fonctionnent comme des vases communicants' (*Ethnos* 2010) et soulignent que les guérilleros d'aujourd'hui 'ont obtenu une collaboration facile avec la pègre et les milieux du crime organisé' (*O Kosmos tou Ependyti* 2010b). En indiquant que des passerelles pareilles étaient rares dans le passé, puisque 'les délinquants de droit commun n'étaient pas les bienvenus car ils constituaient un danger visible pour l'imperméabilité des « groupes armés » introvertis ... [ils remarquent que] l'osmose [évidente dans certains cas confirmés] de vente d'armes et d'échange de voitures volées entre anarchistes et délinquants de droit commun' (*To*

Vima 2010d), est devenue systématique depuis le début des années 2000. La crédibilité de ce récit est parfois corroborée par la reproduction des déclarations des milieux anarchistes/anti-autoritaires, qui affirment que

> au sein de la Gauche insurrectionnelle, il y a toujours eu des relations avec des délinquants de droit commun. Mais, maintenant, les gamins sont allés très loin. Ils trouvent facilement des armes sans poser pour autant de limites entre le politique et la délinquance de droit commun. Ça ne les intéresse pas, ça ne fait pas partie de leur culture.
>
> (*I Kathimerini* 2009a)

L'influence de ce discours est renforcée par la construction de deux schémas explicatifs interconnectés. Le premier est délibérément confus et asymétrique puisque le volume des faits situés à l'origine des informations est considérablement plus faible que le volume des articles de presse afférents (Kepplinger, Habermeier 2006: 237–238). La confirmation de l'image de la nature délinquante de la lutte armée résulte en fait du recyclage d'une infime quantité de faits réels.[9] Le deuxième schéma dérive d'une logique de généralisation abusive, qui extrapole à partir d'un nombre insignifiant de faits confirmés en créant l'impression que ceux-ci sont représentatifs de l'état actuel des milieux anarchistes/anti-autoritaires.

Dans tous les cas de figure, la fréquente répétition de cette version journalistique des faits écarte totalement l'idée que cette collaboration pourrait être aussi, jusqu'à un certain point, le fruit de liens idéologiques concrets, latents ou noués en prison, conformément à une longue tradition de passerelles indiscernables entre des délinquants impliqués dans des infractions de droit commun et des délinquants impliqués dans des actions politiques violentes (Hobsbawm 2000; Katsaros 2008 [1999]: 231–233). L'adhésion en connaissance de cause à cette tradition apparaît clairement dans une lettre rédigée par un anti-autoritaire emprisonné, Polykarpos Georgiadis, qui, tout en se référant à Marius Jacob et aux illégalistes, considère que, quand elle ne cible pas les milieux populaires, l'illégalité

---

9   Le recyclage d'informations et la répétition de schémas explicatifs banals ne renvoient pas toujours à des motifs idéologiques. Ils reflètent aussi des méthodes de travail établies dans le cadre des routines professionnelles (Neveu 2001).

fait partie de la tradition insurrectionnelle séculaire de la culture populaire de notre pays, une tradition qui, étant visible dans l'Empire byzantin (les bogomiles,[10] les apélatès,[11] etc.), parcourt l'Empire ottoman (les klephtes,[12] les haïdouks,[13] les chaïnidès),[14] continue dans l'ère post-ottomane (le banditisme après 1821,[15] les bandits-partisans ayant adhéré à l'Armée populaire de libération nationale grecque,[16] etc.) et arrive jusqu'à nos jours, peu massive désormais, adoptée en connaissance de cause par une poignée de prolétaires délinquants.

(AI 2012a)[17]

D'un autre côté, certains délinquants de droit commun ont parfois exprimé en public des thèses politiques d'inspiration anti-autoritaire. En répondant, par exemple, à une question posée par une journaliste sur 'l'existence de « vases communicants » entre les délinquants de droit commun et les terroristes', le détenu Vasilis Stefanakos (2009)[18] déclarait :

J'ai vu des gens terrorisés par le chômage. Tout citoyen est terrorisé s'il ne peut pas trouver du travail, s'il ne peut pas subvenir aux besoins vitaux de ses enfants. Il est terrorisé par l'idée qu'il peut tomber malade et se trouver confronté à la pénurie des lits d'hôpital. L'incertitude et l'avenir sinistre sont terrifiants, tout comme le moderne esclavagisme avec les contrats [de durée déterminée] et les stages. Les rumeurs sur les réductions des pensions de retraite terrifient les vieillards. De même,

10   Chrétiens hérétiques, rejetant les autorités constituées, aussi bien religieuses que profanes.
11   Soldats irréguliers, assumant un double rôle de soldat et de brigand.
12   Bandits montagnards, redistribuant une partie de leur butin aux pauvres.
13   Brigands de grand chemin, redistribuant une partie de leur butin aux pauvres.
14   Bandits crétois, attaquant les janissaires pour protéger la population locale.
15   L'instauration d'un régime monarchique d'origine bavaroise ayant violemment marginalisé la majorité des chefs militaires qui se trouvaient à l'origine de la victorieuse guerre contre l'Empire ottoman et la création consécutive de l'État grec (1830), ceux-ci se sont transformés en bandits, fort populaires au niveau local puisqu'ils redistribuaient une partie de leur butin aux pauvres.
16   Branche armée du principal mouvement de résistance de gauche à l'Occupation pendant la Seconde guerre mondiale.
17   La diffusion du savoir sur les illégalistes a été facilitée suite à la publication de la brochure *Marius Jacob et les illégalistes* sur le site anti-pouvoir Athens indymedia (2007). Sur les illégalistes, voir aussi Steiner (2008) et *Oi ergates tis nychtas* (2011).
18   Figure emblématique des milieux du crime organisé grecs des années 2000. Libéré de prison en 2016, il a été assassiné en janvier 2019.

il fait peur le délinquant qui tire sur des gens pour de l'argent. Mais le citoyen est aussi terrifié par le 'policier', l'employé de la protection du citoyen,[19] habillé comme Rambo, portant des bracelets, une ou deux armes, des sacoches et autres trucs bizarres, surtout s'il a un drôle de regard. Et par-dessus tout, se trouvent les vases communicants entre médias, gouvernement et opposition, qui ajoutent la misère à la terreur. Toutes ces sources de terreur sont le produit du système, et celui qui provoque la terreur, c'est l'électeur en nous, qui préserve le système.

Suivant la même ligne de pensée, Vasileios Palaiokostas, délinquant recherché par la police (Europol, s.d.),[20] qualifiait les policiers de

> mercenaires armés de l'État grec ... [et dénonçait] la rancœur, le revanchisme, la soif de vengeance et la haine profonde ressentis par l'État grec envers tous ceux qui ont consciemment renoncé au statut du citoyen fidèle et soumis, lequel perçoit la liberté individuelle comme devoir d'exécuter ce qu'on lui dicte, pour préserver leur pouvoir discrétionnaire, leur liberté de porter un jugement sur tout ce qui se passe autour d'eux et d'agir en conséquence ... [avant qu'il n'envoie] des salutations combattantes à ceux qui ne déposent pas les armes avec lesquelles ils ont choisi de se battre pour la vie dont ils rêvent.
>
> (*Kyriakatiki Eleftherotypia* 2010)

Néanmoins, même lorsque les énonciateurs du discours institutionnel admettent que cette collaboration est le fruit de liens noués en prison entre des anti-autoritaires et des délinquants de droit commun, ils passent toujours sous silence la complexité de la réalité, afin de conclure que

> les délinquants de droit commun entourent collectivement leur criminalité d'une aura idéologique et trouvent des soutiens et des alibis de vie et d'action chez les anti-autoritaires. Les guérilleros, quant à eux, trouvent facilement un 'support technique' – voire des tueurs – parmi les délinquants de petite ou de grande envergure ... [érigés désormais en] modèles et meneurs des jeunes 'combattants armés'.
>
> (*To Vima* 2010d)

---

19   Allusion au ministère de tutelle de la police.
20   Condamné pour enlèvement et cambriolages de banque, il est devenu célèbre après avoir réussi à s'évader deux fois, à l'aide d'un hélicoptère, de la prison de haute-sécurité de Korydallos, près d'Athènes.

Une fois ainsi établie, la démystification de la lutte armée se trouve renforcée par le déplacement du débat des questions liées au support opérationnel, qui requièrent la collaboration occasionnelle des guérilleros avec des délinquants de droit commun, vers les infractions régulièrement commises par des guérilleros afin de financer leur action. Par conséquent, la recherche des 'parcours secrets liant le néo-terrorisme à la délinquance de droit commun … [mène régulièrement à la mise en avant de l'existence d'une] caisse révolutionnaire des organisations terroristes, alimentée par des braquages et des enlèvements' (*Ethnos* 2010).

Le rappel d'une information apparemment neutre sur la création et le maintien d'une caisse révolutionnaire dissimule à peine l'intention de dépolitiser la lutte armée. Il est bien connu que le financement occasionnel des organisations armées par des activités illégales fait partie intégrante du fonctionnement de toute mouvance armée. Comme nous avons souligné plus haut, depuis 2001 ce point occupe une place centrale dans le discours public sur la lutte armée islamiste. La qualification de ces activités illégales, à savoir si elles sont relevées au rang d'actes politiques secondaires appuyant une action politique principale ou si, au contraire, elles contribuent à l'abaissement de l'action principale au niveau de la délinquance de droit commun, est une question éminemment politique. En l'occurrence, il est évident que les énonciateurs du discours institutionnel adoptent la deuxième option. La présentation de la délinquance de droit commun comme élément consubstantiel de la lutte armée, en tant que condition nécessaire à l'accomplissement des attentats, entraîne ces attentats vers le bas, au niveau des infractions de droit commun. Dire que la promotion systématique de cette thèse satisfait des intérêts politiques nationaux et internationaux à la fois est devenu un poncif. Nous nous contenterons alors de souligner que, au niveau national, cette option consolide la base de légitimation d'une jurisprudence fort contestable, qui, ayant vu le jour durant le procès du 17N (*Ta Nea* 2003a, 2003b; *Eleftherotypia* 2005) et étant ultérieurement enrichie au cours des procès de la LR et de la CCF, a nié le caractère politique des crimes dont étaient accusés les membres de ces organisations armées. Au niveau international, l'option précitée fait partie intégrante d'un processus circulaire en renforçant les tendances de dépolitisation/

criminalisation des mouvances armées nationales et des organisations armées islamistes déterritorialisées (Tsoukala 2008a, 2009),[21] tout en étant affermie par la mise en œuvre des stratégies discursives afférentes.

La thèse de la dépolitisation de la lutte armée est aussi avancée grâce à une autre pratique discursive, qui consiste en la divulgation de l'identité politique des individus impliqués dans des infractions de droit commun uniquement si cela conforte l'assimilation des milieux anti-autoritaires à la délinquance de droit commun. Ainsi, alors que les convictions politiques des individus accusés de participation à des réseaux de crime organisé ne sont jamais divulguées, le profil idéologique des anti-autoritaires grecs accusés d'une série d'assassinats à Chypre, en 2012, a occupé pendant des jours une place dominante dans les médias conventionnels. Il a même été mentionné dans plusieurs titres d'articles (*Ethnos* 2012; *I Kathimerini*, 2012a, 2012b), les journalistes faisant par ailleurs allusion à la participation éventuelle des suspects à la SR ou à leurs relations avec des personnes liées à la LR (*To Vima* 2012; *I Kathimerini* 2012a).

Indissociable des argumentaires visant à enlever son sens à la lutte armée et à confirmer le rang subalterne de la nouvelle génération de guérilleros, la présentation d'une mouvance armée à l'identité politique ternie, à cause de sa collaboration avec les réseaux de crime organisé et de l'activité délinquante des guérilleros mêmes, discrédite au plus haut point ces organisations et groupes armés. Il est estimé que ceux-ci sont dépourvus de conscience politique, qu'ils agissent sous pressions externes et que, selon la police antiterroriste, ils sont composés de 'gamins disjonctés qui se sont tournés contre la société de manière incontrôlable et confuse, sans principes et objectifs précis' (*O Kosmos tou Ependyti* 2010a).

En 2016–2017, les énonciateurs du discours institutionnel continuent à accorder une place importante à la question de la collaboration des guérilleros avec des délinquants de droit commun, certains 'officiers de police n'excluant guère l'hypothèse que des organisations armées toujours actives dans le pays aient « un groupe opérationnel conjoint » avec des délinquants de droit commun et que, éventuellement, elles soient

---

21   Au niveau juridique, ces tendances ont été initialement affirmées suite à l'adoption, en 2002, de la première décision-cadre du Conseil de l'UE relative au mandat d'arrêt européen et aux procédures de remise entre États membres.

assistées par ces milieux-là' (*To Vima* 2016c). D'autres sources policières, constatant la 'réactivation opérationnelle … [de la CCF, estiment que] des membres emprisonnés de l'organisation ont probablement obtenu le support « opérationnel » des délinquants de droit commun, avec lesquels ils ont été étroitement liés en prison au cours des dernières années' (*I Kathimerini* 2016b). Contrairement à ce que nous avons observé dans la période 2009–2011, les références à ces liens ne visent plus à discréditer la lutte armée mais à établir l'idée que cette collaboration garantit en fait la perpétuation de la mouvance armée, même lorsque l'une de ses organisations emblématiques, à savoir la CCF, est affaiblie à cause de l'emprisonnement de plusieurs de ses membres. Il est ainsi souligné que 'bien que les membres de l'organisation aient été arrêtés avant six ans, ils organisent maintenant, de l'intérieur de la prison, la quatrième vague d'attaques armées … [grâce au] soutien des anarchistes et, notamment, des délinquants de droit commun' (*To Vima* 2016b). La conclusion qui s'impose suite à ces réflexions ne peut alors qu'avancer que 'probablement, nous ne toucherons jamais à la fin de cette organisation, […] il y a un constant renouvellement de ses ressources humaines par des anarchistes ou des délinquants de droit commun' (*To Vima* 2017b).

L'ampleur de la menace

Alors qu'en 2009–2011, lorsque la définition de la lutte armée était en cours d'élaboration, l'idée d'une expansion illimitée de la menace s'appuyait notamment sur l'image d'attentats dénués de sens et sur la mise en avant d'un continuum idéologique et opérationnel entre les différentes générations de guérilleros, ces stratégies discursives se trouvent plutôt marginalisées en 2016–2017. Les énonciateurs du discours institutionnel se focalisent désormais sur le renforcement de la légitimité d'une répression sévère de la lutte armée, en structurant leur discours autour de la thèse d'une menace multiforme, multi-niveaux et perpétuelle. Une fois consolidée, cette image alimente, à son tour, un sentiment d'insécurité diffus qui, comme il a souvent été signalé par des chercheurs travaillant sur d'autres cas d'étude, sert à promouvoir et à légitimer des formes de gouvernance illibérales, basées sur une soumission nourrie par la peur et l'angoisse (Bigo 2002; Eklundh, Zevnik, Guittet 2017).

L'alimentation de cette peur remplit deux importantes fonctions politiques. D'abord, les citoyens tendent à confier la protection de leur sécurité menacée aux représentants de l'appareil répressif en acceptant comme un mal indispensable la restriction, voire le sacrifice de certaines libertés fondamentales. Ce processus est facilité par l'énonciation d'un discours public qui, en reproduisant les principaux points du discours public international sur la lutte armée islamiste, inverse la définition philosophique de la liberté pour que celle-ci ne soit plus conçue positivement, en tant que liberté d'épanouissement personnel, mais négativement, en tant que libération de la peur. Au lieu de garantir aux citoyens la liberté de penser et d'agir conformément à la loi, la classe politique cherche à obtenir un consensus aussi large que possible autour de la restriction des libertés et droits fondamentaux au nom de la délivrance des citoyens de l'insécurité. Comme nous avons observé plus haut, la légitimation de cette définition négative de la liberté s'appuie, dans un deuxième temps, sur l'inversion de la définition politique de celle-ci pour qu'elle ne soit plus entendue comme la matrice de la démocratie, origine et aboutissement de tous les droits, mais comme un droit ordinaire, égal à tous les autres droits et, par conséquent, susceptible d'être comparé, compensé ou même sacrifié si cela est jugé nécessaire par les gouvernants du jour (Tsoukala 2004, 2015). C'est sur cette double inversion de la définition de la liberté que se fonde l'évocation d'un soi-disant droit des citoyens à la sécurité. D'une grande utilité politique, cet appel à un droit juridiquement inexistant, légitime *a priori*, ou même *a posteriori*, le renforcement de l'appareil répressif. Ceci nous paraît bien illustré par la déclaration du Premier ministre que 'La sécurité est un droit de tous les citoyens, sans exception aucune' (*News 24/7*, 2018), laquelle fait écho à la déclaration du chef de l'opposition de droite que 'L'État doit avant tout garantir la sécurité des citoyens … Quand on a peur, on n'est pas vraiment libre' (*I Kathimerini* 2017b). Détourner l'attention de l'opinion publique vers l'insécurité provenant de la criminalité et promettre la gestion efficace des sources de cette insécurité permettent, par ailleurs, à la classe politique de faire semblant de satisfaire les besoins des citoyens et, par conséquent,

La représentation médiatique de la lutte armée 57

de consolider sa position vis-à-vis de son électorat, sans avoir pour autant à mettre en œuvre des politiques susceptibles de gérer les sources d'autres formes d'insécurité, suscitées par des facteurs économiques, des problèmes environnementaux ou des innovations technologiques, qui traversent les sociétés de la postmodernité (Bauman 2006b).

Dans le cas de la lutte armée contemporaine, les énonciateurs du discours institutionnel cherchent à atteindre ces objectifs en ayant recours à une série de stratégies discursives. D'un côté, les précédentes tentatives de construction d'un sentiment d'insécurité diffus, basé sur l'identification potentielle du citoyen ordinaire aux victimes des attentats, sont complètement écartées. De l'autre côté, la menace n'est plus intégrée dans un cadre conceptuel et idéologique vague, en tant que résultat d'actions qui, en principe, ne portent pas atteinte à la vie quotidienne des citoyens. Désormais, le discours public se structure autour de la construction d'une passerelle virtuelle entre l'action armée, qui reste toujours éloignée du quotidien du citoyen ordinaire, et la petite délinquance, qui pourrait pénétrer son quotidien, afin d'établir l'idée que la lutte armée incarne une menace politique et sociale à la fois. À cette première passerelle virtuelle s'ajoute une deuxième, qui lie la criminalité et l'illégalité en général aux milieux anarchistes. Agissant conjointement sur l'opinion publique, ces deux passerelles finissent par stigmatiser l'anarchisme comme matrice de l'illégalité, de la criminalité et de la violence politique.

Tout d'abord, les énonciateurs du discours institutionnel mettent en avant l'image d'un large éventail de désordre dont les deux extrémités couvrent un espace allant d'une illégalité diffuse d'infime gravité à la violence de la lutte armée. Suivant une logique d'assimilation superficielle, ils étalent de manière linéaire des phénomènes distincts – quant à leurs causes, leur gravité, leurs effets et leur nature juridique – en vue d'attirer l'attention sur leur dénominateur commun, à savoir la création de désordre politique et social. En tant qu'agglomérat de situations indifférenciées, ce désordre artificiellement amplifié suscite la peur car, à cause justement de son état indifférencié, il n'obéit à aucune catégorisation susceptible de limiter sa dangerosité à travers la définition de ses éléments constitutifs. L'image de cette menace fluide et indistincte est sans cesse mobilisée par l'opposition de droite, qui réagit, par exemple, aux attentats incendiaires commis par le Groupe de contre-attaque révolutionnaire contre des membres du Comité des Sages en appelant le gouvernement 'à abandonner sa tolérance envers l'action des anarchistes [et] à mettre fin au sanctuaire[22] d'Exarcheia' (*To Vima* 2017a), le quartier bastion de l'anarchisme à Athènes. De même, après l'attentat à l'explosif de la CCF contre la librairie d'Adonis Georgiadis, vice-président et représentant de l'aile extrémiste du parti de l'opposition de droite, le gouvernement est dénoncé pour

> la protection offerte aux auteurs de vandalismes, d'incendies de moyens de transport public, de destructions des valideuses de titres de transport et d'autres happenings de gymnastique 'révolutionnaire' ... [car il sous-estime le fait que] il rend ainsi la criminalité partie intégrante de la vie quotidienne, en donnant un grand élan aux groupes qui agissent au bord du terrorisme.

(*I Kathimerini* 2017c)

Cette confusion entre illégalité, délinquance et lutte armée est alimentée aussi bien par l'actualité des attentats commis que par l'actualité des vandalismes, des incidents de violence ou d'autres infractions commises au cœur d'Athènes, permettant à Kyriakos Mitsotakis, chef de l'opposition de droite, de

> se référer aux destructions de véhicules et de bâtiments publics, à l'action des anarchistes et aux attaques armées effectuées par des ramifications du terrorisme, en soulignant [...] qu'Exarcheia s'est transformé en sanctuaire [anarchiste] interdisant l'accès à la police.

(*I Kathimerini* 2017a)

Suivant la même ligne de pensée, Mitsotakis peut également gommer les différences entre des phénomènes distincts en déclarant: 'Des organisations terroristes se servent de fusils d'assaut kalachnikov à l'encontre des policiers. Les habitants d'Exarcheia vivent dans un ghetto particulier, où les groupes anarchistes défilent sans gêne' (*I Kathimerini* 2017b).

La crédibilité de cette thèse, qui puise sa force dans la pseudo-théorie de la vitre cassée (Kelling, Wilson 1982) – laquelle attribue l'expansion de la criminalité dans une zone urbaine à la graduelle détérioration matérielle de celle-ci, en légitimant de la sorte l'adoption de politiques de tolérance

---

22 Le mot sanctuaire (*avaton* en grec) est couramment utilisé par les politiciens et les médias de droite lorsqu'ils se réfèrent à Exarcheia afin de désigner le quartier comme un lieu de non droit.

zéro sans avoir pour autant prouvé l'exactitude de son hypothèse de départ (Harcourt 2001) –, est régulièrement renforcée par des représentants de la police. Ceux-ci confirment le continuum entre la lutte armée, 'les squats [et] des dizaines d'attaques contre des moyens de transport public pour que les citoyens ne paient pas de titre de transport' (*To Vima* 2016d), tout en insistant sur l'impuissance de la police à contrôler le quartier d'Exarcheia. Un officier de police affirme ainsi que:

> le milieu anti-autoritaire a acquis désormais la certitude qu'il jouit d'une liberté d'action totale à l'abri de poursuites, surtout autour de la place d'Exarcheia, dans la capitale la moins sûre d'Europe. [...] Ils se présentent comme un État dans l'État, [...] alors qu'ils ont récemment annoncé l'empoisonnement de dizaines de sodas et de denrées alimentaires,[23] à l'instar de ce qu'avaient fait les anarchistes de la FAI – qui, trois ans plus tôt, collaboraient avec les 'Cellules'. [...] La place d'Exarcheia et ses alentours ont été transformés en un quartier d'Athènes 'complètement autonome'.

(*To Vima* 2016d)

La démonisation de l'anarchisme,[24] idéologie de référence pour beaucoup de guérilleros emprisonnés, et sa dissociation consécutive de toute forme de normalité juridique ou sociale, sous-tendent par ailleurs de nombreuses déclarations associant la menace de la lutte armée aux revendications des guérilleros incarcérés pour l'octroi de permissions de sortir à

---

23 Les produits alimentaires ciblés ont été retirés des rayons des supermarchés, mais leur empoisonnement n'a jamais été confirmé.

24 L'analyse des méthodes journalistiques de démonisation de l'anarchisme et de désignation d'Exarcheia comme lieu de non droit par excellence, au mépris des règles de déontologie journalistique, dépasse le cadre de notre étude. À titre indicatif, nous citons le reportage du journal de la chaîne de télévision privée *Star* qui, le 25 mai 2018, informait son public que des anarchistes français étaient arrivés à Athènes pour équiper en munitions le groupe anarchiste Rubicon, en diffusant des images de vans à Exarcheia, lesquels, en fait, transportaient des articles de première nécessité pour les distribuer aux squats d'hébergement de réfugiés, gérés par des activistes anti-autoritaires et d'extrême gauche (*The Press Project* 2018; Lolos 2018a, 2018b). La première fois que des anarchistes européens étaient arrivés à Athènes pour le même motif (le 28 mars 2017), le reportage du journal de la chaîne de télévision privée *Ant1* avait qualifié l'accueil enthousiaste qui leur avait été réservé de 'démonstration de force des anti-autoritaires à Exarcheia au moment où le ministère de la Protection du citoyen annonce qu'il combattra l'état [qui règne] dans ce lieu de non droit' (*enikos.gr* 2017).

des fins éducatives. Il est estimé que les efforts des détenus de réussir au concours national d'entrée aux établissements d'enseignement supérieur ne visent ni à améliorer leur éducation, en vue de leur réinsertion sociale et de leur épanouissement en général, ni à créer un cadre de vie leur permettant d'échapper régulièrement à la dureté de leur milieu carcéral. Tout au contraire, et en rupture avec les objectifs poursuivis par la politique éducative du ministère de la Justice (*I Kathimerini* 2016a; *Newpost* 2017), la volonté de s'éduquer est connotée négativement en tant que signe de dangerosité et les revendications pour l'octroi de permissions de sortir à des fins éducatives sont considérées comme fallacieuses, voire sournoises. Un rapport secret de la police évoque le risque

> d'évasion massive des 'Cellules' de la prison de Korydallos sous prétexte que les détenus poursuivent des études ... [alors que des officiers de police] doutent fort de la véracité et sincérité de l'intérêt subit pour l'éducation manifesté simultanément par tant de détenus anti-autoritaires
>
> (*To Vima* 2017c),

étant donné que 'la soudaine « soif de connaissances » des anarchistes emprisonnés, et notamment des membres de la « Conspiration » ... [pourrait] constituer la première étape d'un plan d'évasion massive des détenus de la prison de Korydallos' (*I Kathimerini* 2017d).

L'image de cette menace multiforme, illimitée et perpétuelle devient davantage inquiétante par la mise en évidence de l'extrême dangerosité de la nouvelle génération de guérilleros en raison de sa capacité à muter et à renouveler sans cesse ses ressources humaines. Alors que le ministre adjoint de la Protection du citoyen qualifie 'les groupes terroristes actuellement actifs de « vestiges du terrorisme du passé qui seront éliminés »' (*To Vima* 2017d), des représentants de la police adoptent une position diamétralement opposée:

> Des officiers de police parlent d'une organisation [CCF] initialement sous-estimée, appelée 'les bébés du terrorisme'. Toutefois, celle-ci fait preuve d'ingéniosité, d'alternance des méthodes d'action et de mutations incomparables avec celles observées dans tous les groupes armés ayant agi dans le pays au cours des quarante dernières années.
>
> (*To Vima* 2017b)

Parfois, on évoque le probable recrutement de guérilleros, des sources policières estimant que 'les membres de l'organisation [CCF], qui d'ailleurs interviennent couramment par téléphone lors d'évènements organisés par des anarchistes, ont probablement recruté de nouveaux membres, comme cela a souvent été le cas dans le passé' (*I Kathimerini* 2016b), ou craignant 'qu'il y aura un nouvel attentat, peut-être exécuté différemment, puisqu'il paraît qu'ils ont un ou deux complices en liberté, qui se limitent pour l'instant à « emballer des bombes »' (*To Vima* 2016a). Il est aussi supposé que 'les terroristes en liberté, éventuellement « novices »' (*I Kathimerini* 2017e), pourraient 'essayer de créer un nouveau « pôle » terroriste, en guise de riposte aux atteintes portées par les forces de l'ordre aux organisations terroristes anarchistes qui sont encore actives' (*I Kathimerini* 2017f). D'autres fois, enfin, le renouvellement des ressources humaines des groupes et organisations armés est annoncé avec certitude:

> Les membres emprisonnés de la 'Conspiration des cellules de feu' sont parvenus à recruter de nouveaux membres, grâce auxquels ils essaieront, d'une part, de montrer que l'organisation reste puissante et, d'autre part, de remplir le vide causé au sein de la soi-disant 'guérilla urbaine' par le démantèlement de la 'Lutte révolutionnaire' et le silence des organisations satellites.
>
> (*I Kathimerini* 2017d)

CHAPITRE 6

La lutte armée définie par les guérilleros

L'analyse de contenu thématique des textes de guérilleros étudiés ici nous révèle que la légitimation de la lutte armée contemporaine s'appuie sur la mobilisation d'un système d'interprétation des interactions entre les guérilleros, la société et l'État suivant des critères idéologiques. La structuration de ce cadre explicatif sera analysée à travers l'étude du positionnement idéologique, des rapports à la société et de l'attitude face à l'État des actuels courants de la lutte armée. Pour des raisons pratiques, les extraits illustrant notre propos seront tirés d'une sélection de textes jugés représentatifs en la matière.

Positionnement idéologique

Comme nous avons évoqué plus haut, les transformations du champ politique grec au cours des années 2010 ont impliqué l'affaiblissement de l'anarchisme individualiste, qui fut initialement le courant majoritaire de l'actuelle mouvance armée, et l'émergence en parallèle des groupes armés d'inspiration antifasciste, anarcho-communiste et éco-anarchiste.

Anarchisme individualiste

Les textes relevant de l'anarchisme individualiste reflètent le positionnement idéologique du courant dominant de la lutte armée contemporaine puisqu'ils représentent 91,9 pour cent du corpus de 2010/2011 et 57,3 pour cent du corpus de 2016–2017. Si nous les comparons avec les textes rédigés

Tableau 1 : Répartition des textes par positionnement idéologique.

	Corpus de 2010–2011	Corpus de 2016–2017
Anarchisme individualiste	91,9%	57,3%
Antifascisme	----	21,4%
Anarcho-communisme	----	14,2%
Éco-anarchisme	----	7,1%

par les guérilleros du passé (17 Noemvri 2002 ; Chalazias 2003 ; Antipliroforisi 2003 ; Gournas, Roupa, Maziotis 2011 ; Epanastatikos Agonas s.d.), nous constatons une grande divergence à cause de l'absence, d'une part, de cadre théorique suffisamment élaboré pour expliquer les motifs d'engagement dans la lutte armée et, d'autre part, d'analyses approfondies de la situation politique et économique grecque en liaison ou non avec la conjoncture internationale. Ces spécificités du discours public des actuels guérilleros nous paraissent attribuables à deux facteurs distincts. Premièrement, sans exclure l'existence éventuelle de personnes plus âgées au sein de la mouvance armée, les premières vagues d'arrestations indiquent que nous sommes en présence d'individus qui, dans la majorité écrasante des cas, sont très jeunes.[1] Leur jeune âge les ayant, par définition, empêché de parfaire leurs lectures théoriques, il pourrait être jusqu'à un certain point à l'origine du faible degré d'élaboration des concepts observé dans leur discours public. Deuxièmement, l'adoption de thèses manifestement influencées par l'anarchisme individualiste indique que le discours rudimentaire pourrait tout simplement résulter des choix conscients de guérilleros qui, émancipés des idéologies et pratiques antérieures des formations politiques de gauche (Newman 2010a), 'laissent définitivement aux oubliettes de l'histoire les logiques marxistes et le réformisme de gauche' (AI 2010h).

1   Bien que les arrestations successives depuis 2009 rendent difficile le calcul de la moyenne d'âge des guérilleros par rapport au moment d'énonciation d'un discours public donné, la majorité des guérilleros arrêtés entre septembre 2009 et décembre 2010 avait moins de 25 ans, les autres étant à peine plus âgés.

Quoi qu'il en soit, toute tentative d'analyse de leur positionnement idéologique – lequel se focalise sur le rejet de l'objectif révolutionnaire et la désignation de l'individu comme sujet de l'agir politique, s'arrogeant le droit d'influencer l'évolution de la société – nécessite une prise de distance avec la réalité quotidienne de ces jeunes afin de mieux cerner le contour de leur cadre idéologique. Tout en supposant, alors, qu'ils sont familiarisés avec les œuvres des anarchistes individualistes états-uniens, tels que Josiah Warren et James L. Walker (Nettlau 2011 [1925]: ch. 3; Caldwell Butler 1980), et qu'ils ont par ailleurs subi l'influence de nombreux auteurs contemporains, tels que Guy Debord, Raoul Vaneigem et Hakim Bey, nous estimons que le fond de leur idéologie ne peut être analysé qu'en se référant à la pensée de Max Stirner. De par sa 'condamnation universelle de la « culture ontologique »' (Koch 2012 [1993]: 47), Stirner occupe une position emblématique parmi les fondateurs de l'anarchisme individualiste, servant de cadre de référence intellectuelle explicite ou implicite des travaux sur le post-anarchisme. Sans vouloir alors minimiser l'impact des auteurs contemporains sur la formation de l'univers intellectuel des guérilleros, notamment par rapport à l'exaltation de l'hédonisme, au désir de l'immédiateté, au rejet de la société de consommation et à la redéfinition de la révolution comme transformation de l'existence au quotidien (Marcolini 2012), nous analyserons leur positionnement idéologique à la lumière de la pensée stirnérienne. L'adoption de cette posture n'est entendue ni comme une approche critique de l'œuvre de Stirner, ni comme une évaluation de l'impact de l'adhésion à l'anarchisme individualiste sur le champ politique. Par conséquent, nous n'aborderons pas les questions soulevées par les critiques contemporaines de l'individualisme stirnérien (Bookchin 1995; Fotopoulos 2008: 470s) et nous ne reproduirons pas les querelles déchirant régulièrement les milieux anarchistes/anti-autoritaires grecs.

Suivant cette ligne d'interprétation, il est clair que la focalisation sur la propriété réformatrice de l'individu, qui est observable dans 20,5 pour cent des textes de 2010–2011 et 23,8 pour cent des textes de 2016–2017, se conçoit en contraste avec un corps social perçu comme apathique ou porteur de valeurs viles. La désignation de l'individu comme 'sujet révolutionnaire' (AI 2011q) est sous-tendue par la croyance 'en l'existence d'un moi créateur, capable de résister à tout ce qui ne l'exprime pas, capable de s'affronter à la masse dévoreuse d'individus qui a peur de tout ce qui est différent' (AI 2011d). Radicalement opposé à 'la majorité de la société des avachis contemplant le spectacle de leur propre mort, psychique et corporelle' (AI 2011a) et aux 'masses impersonnelles et paisibles qui restent silencieuses en ne s'intéressant qu'au lifestyle et leur carrière, [...] aux déchets humains qui lèchent leurs patrons' (AI 2017f), ce sujet révolutionnaire, seul désormais à être érigé au rang de 'l'Homme' (AI 2011a), se place au-dessus de tout. Il estime que son propre désir ne supporte aucune contrainte externe, aucun devoir-être d'origine divine ou humaine (Avron 2006 [1973]: 101s). Au nom de sa propriété d'être unique, d'être son propre principe directeur, il s'arroge le droit absolu d'obtenir 'la satisfaction de soi et la réalisation de ses propres désirs' (AI 2010k), à travers l'adhésion à des modes d'action contestataires, éventuellement violents, afin de devenir acteur de sa propre histoire (AI 2011l). Ce sentiment de toute-puissance ayant été sévèrement ébranlé par les lourdes peines de prison infligées au fil des ans à de nombreux membres de la CCF, la perte de liberté est forcément vécue comme une défaite. Toutefois, celle-ci est relativisée, puisque les guérilleros affirment que 'même si notre corps est emprisonné, nos idées anarchistes ne le seront jamais et continueront à agir contre toute forme d'autorité. Ceci est d'ailleurs prouvé de manière incontestable par le flux ininterrompu de nos attaques' (AI 2017e). Bien que confrontés à la perspective d'un long emprisonnement, les sujets tout-puissants prétendent se réserver la prérogative du contrôle de l'avenir en déclarant que, au moment de la victoire, 'le baisser de rideau sera fait par nous' (AI 2017e).

Cette vision individualiste de l'agir politique, qui érige le Moi en locus du pouvoir politique, voire en 'accélérateur de l'histoire ... [qui ne subit pas, mais] écrit l'histoire de sa propre main' (AI 2016k), nie toute idée de collectivité agissant de concert en vue d'atteindre un objectif partagé par, ou imposé à, une communauté élargie. Est ainsi rejetée 'toute notion de plan susceptible d'emprunter la forme d'une promesse commune en matière de civilisation, d'idéologie et d'agir politique en tant que perspective souhaitable de mise en œuvre d'une valeur' (Sevastakis 2008: 135). L'agir révolutionnaire est alors 'dissocié de son acceptation collective' (AI 2011q), les guérilleros poursuivant la continuation de 'la guerre indépendamment de l'existence de mouvements sociaux autour [d'eux]' (AI 2011o).

La lutte armée définie par les guérilleros

La nature élitiste de ce cercle volontairement restreint de sujets révolutionnaires et sa rupture concomitante avec son environnement social et politique apparaissent clairement, par exemple, dans la gestion discursive des sanctions disciplinaires infligées aux détenu-e-s qui avaient refusé de subir des fouilles corporelles humiliantes. En 2012, les guérilleros annoncent que 'des prisonniers de guerre anarchistes ont commencé depuis peu un combat très important dans les prisons grecques. Un combat axé sur le refus des fouilles corporelles' (AI 2012b). L'importance de ce combat étant indéniable, nous constatons toutefois que sa présentation passe sous silence le fait que la revendication de suppression des fouilles corporelles humiliantes se trouvait au cœur de nombreuses mobilisations carcérales depuis novembre 2008 – et pourrait être liée au décès de la détenue Caterina Goulioni, survenu dans des conditions suspectes lors de son transfert de prison en mars 2009 (*The Press Project* 2014a), ainsi qu'à l'extrême sévérité de l'arrêt de la Cour d'assises condamnant Marianthi Patseli à la perpétuité en septembre 2010.[2]

L'isolement de l'actuelle lutte armée de son environnement social et politique n'apparaît pas seulement dans les textes publiés mais aussi dans d'autres stratégies communicatives des guérilleros. Si nous comparons, par exemple, deux affiches-appels à la solidarité envers la CCF et la LR respectivement,[3] nous constatons que l'appel introverti à la 'Solidarité avec l'anarchiste Olga Oikonomidou, membre de l'Organisation révolutionnaire CCF', où l'identité de guérillero anarchiste est érigée en valeur en soi, suffisante pour justifier l'appel à la solidarité, s'oppose à l'appel extraverti à la 'Solidarité avec les camarades [de la LR] en procès', qui s'appuie sur le fait que

---

2   Les deux détenues avaient joué le rôle de meneur dans les mobilisations carcérales de 2008. En juin 2012, suite à l'arrêt de la Cour d'assises d'appel, la réclusion criminelle à perpétuité de M. Patseli a été réduite à une peine de prison de cinq ans.

3   Collées aux murs d'Exarcheia, en juillet 2012. La première faisait référence à Olga Oikonomidou, placée en isolement depuis le 4 mai 2012 dans la prison de Diavata parce qu'elle avait refusé de subir une fouille corporelle humiliante. La deuxième faisait référence au déroulement du procès de la LR, qui avait commencé le 5 octobre 2011.

'Lambros Foundas[4] fait partie de nous; l'affaire Lutte révolutionnaire nous concerne tous', en plaçant tout l'appel sous la dévise 'liberté à nous tous'.

La lutte armée individualiste s'inscrit dans un 'ici et maintenant', qui s'affirme dans 10,2 pour cent des textes de 2010–2011 et 21,4 pour cent des textes de 2016–2017 comme la seule dimension d'agir possible. Le rejet de l'avenir comme espace-temps de projection de l'agir humain et, par conséquent, le rejet de la révolution comme légitimation de la lutte armée présente et future ne s'appuient ni sur un argumentaire reprenant les critiques sur l'incapacité du libéralisme social du communisme à affranchir l'individu, ni sur l'incapacité des théories anarchistes classiques à s'opposer efficacement à l'idée de l'État et au principe de l'autorité étatique (Stirner 1899 [1845]: 103s; Newman 2001), ni sur le besoin de réviser les théories anarchistes sur le pouvoir et l'être humain à la lumière des thèses poststructuralistes (*Réfractions* 2006, 2008; May, Koch, Newman 2012). Les guérilleros justifient leur engagement au nom d'une passion de vivre qui, dans son incapacité à gérer son image dans le temps, et en quête d'un contexte susceptible de lui permettre d'exister pleinement en jouissant de soi, renoue *de facto* avec le rêve d'André Breton de 'repassionner la vie' (Pierre 1983: 32), brûle les étapes et réserve sa manifestation à l'immédiat, suivant la contraction stirnérienne des trois dimensions du temps à 'la dimension présente-corporelle du Moi individuel' (Lagios 2012: 138). En écartant les recommandations des précédentes générations de guérilleros concernant le piège dissimulé sous 'le cri désespéré « les conditions ne sont pas encore mûres, mais il est très dangereux d'attendre plus longtemps »' (*Epanastatikos antartopolemos* 1990: 18), les constats que 'les « conditions objectives » nous paraissent trop abstraites et nous ne comptons pas rester inactifs en attendant stoïquement qu'elles « mûrissent »' (AI 2011c), 'puisque elles ont probablement pourri' (AI 2017f), s'accompagnent du rejet d'une révolution de type marxiste. La révolution est désormais dépourvue de sens car il est considéré que 'la conscience de classe [étant] morte, [...] nous n'allons pas assumer le rôle du réveil populaire' (AI 2010h), 'nous n'attendons pas une foule sans âme, nous ne sommes pas en quête de sujets prolétariens qui ne

---

4   Membre de la LR, tué par la police en mars 2010. Son décès a déclenché le premier cercle de démantèlement de cette organisation armée.

revendiquent qu'un meilleur salaire' (AI 2017e). Une fois ainsi libérés de 'la vision de la révolution sociale' (AI 2010h) en tant que cadre de référence de leur résistance, les guérilleros sont en mesure de 'supprimer de [leur] vocabulaire le soi-disant sujet révolutionnaire des prolétaires opprimés' (AI 2010h) et de déclarer que 'la révolution est un combat existentiel, [...] la négation absolue de l'existant' (AI 2011q). Cette rupture avec les idéologies dominantes dans les milieux anarchistes mais aussi de gauche, et l'isolement politique consécutif, apparaissent encore plus clairement dans les textes de 2016–2017, les guérilleros s'opposant aux milieux anarchistes qui leur reprochent leur position antisociale, en traitant ces anarchistes de conservateurs, 'séduits par le pouvoir ... [et passifs] par peur du rejet social' (AI 2017e).

Bien que la CCF ait défini son profil idéologique dès 2009 en se démarquant des organisations armées antérieures (AI 2009a), ce n'est qu'en 2010 qu'elle désigna explicitement son action armée comme anarchiste individualiste-nihiliste (AI 2010d).[5] Au fur et à mesure qu'avançait son démantèlement, le besoin d'affirmer l'identité idéologique des guérilleros incarcérés et d'inscrire leur action dans la dynamique de l'histoire du pays s'est traduit par la multiplication des références à 'la nouvelle guérilla urbaine'. Il est souligné sans cesse que celle-ci 'n'entre pas en rupture seulement avec l'État mais aussi avec la société' (AI 2010h), qu'elle 'fait partie du courant anarchiste individualiste et nihiliste de la mouvance anti-autoritaire' (AI 2011m) et qu'elle 'ne vise pas à assumer le rôle d'une avant-garde guidant les masses, le peuple et la société vers la bonne direction révolutionnaire' (AI 2011q).

Certes, l'anarchisme individualiste est en principe incompatible avec la notion de solidarité (Fabbri 1903), mais l'image des guérilleros agissant comme des loups solitaires[6] n'entre pas forcément en contradiction avec

5   L'adhésion aux thèses nihilistes renvoie probablement au nihilisme social stirnérien, mais le nom de la CCF évoque aussi l'organisation des groupes nihilistes russes du 19ème siècle (*O Sergei Netsayef kai oi Rosi nichilistes 1860–1890* 2001; *Anidioteleis cheironaktes tou midenos* 2010).

6   L'image du loup solitaire, qui sous-tend parfois les précédents textes de la CCF, est mise en évidence dans un texte intitulé 'Les loups solitaires ne sont pas seuls ...', qui a été signé par la CCF et l'anarchiste Théophilos Mavropoulos (gr-contrainfo. espiv.net 2012). Cette image ne renvoie pas à l'action armée d'individus isolés,

leurs fréquentes interventions dans le débat public. Leur stratégie communicative, qui cherche à orienter un public vaguement défini vers la lutte armée, devrait être entendue comme une propagande visant à sélectionner des individus qui n'ont pas encore découvert en eux-mêmes leur profil individualiste-anarchiste, ou, tout au moins, à créer un environnement favorable au développement de ce profil (Armand 1911). Ces objectifs semblent être aussi partagés par certains guérilleros nihilistes lorsqu'ils dénoncent des milieux anarchistes qui, confrontés aux arrestations massives des guérilleros, restent 'engourdis, défaitistes et désorganisés' (AI 2011k). Allant au-delà des frontières nationales, cette quête d'âmes sœurs provoque la prolifération des messages de solidarité envers des guérilleros étrangers, dans 25,6 pour cent des textes de 2010–2011 et 27,2 pour cent des textes de 2016–2017, et surtout déclenche la création d'un réseau international de groupes et d'individus partageant le même élan insurrectionnel (AI 2010h).

Néanmoins, comme l'avaient déjà souligné Karl Marx et Friedrich Engels en critiquant les thèses de Stirner (1976 [1932]),[7] la substitution de 'la lutte pour détruire les valeurs, les symboles, les relations, et la morale générés par ce monde' (AI 2010h) à la révolution sociale ne représente aucune menace pour l'ordre établi, les guérilleros poursuivant l'objectif des révoltes individuelles cumulées plutôt que celui de la révolution des masses. Ils expriment clairement leur opposition 'à la fétichisation des masses et à l'adhésion obsessionnelle à l'idée que la foule est le noyau dur d'une révolution' (AI 2011q). L'insurrection ainsi prônée, au sens stirnérien du terme, ne vise pas à bouleverser l'ordre établi mais à offrir une issue aux individus qui souhaitent échapper aux contraintes de l'ordre établi afin de devenir maîtres de leur destin, en vue de 'se réapproprier tout ce dont ils ont été privés par les manifestations du *non Moi*' (Iliopoulos 2009: 38):

> La révolution avait en vue un régime nouveau, l'insurrection nous mène à ne plus nous laisser régir mais à nous régir nous-mêmes et elle ne fonde pas de brillantes

---

n'appartenant pas à des groupes ou organisations armés, mais à l'incapacité innée du Moi à coexister substantiellement avec d'autres individus, même s'il s'agit des camarades d'armes.

7 Pour une présentation sommaire de la vive confrontation entre fédéralistes et anarchistes individualistes à la fin du 19ème siècle, voir Rocker (1985 [1919]).

espérances sur les 'institutions à venir'. Elle est une lutte contre ce qui est établi, en ce sens que, lorsqu'elle réussit, ce qui est établi s'écroule tout seul. Elle est mon effort pour me dégager du présent qui m'opprime; et dès que je l'ai abandonné, ce présent est mort et tombe en décomposition. En somme, mon but n'étant pas de renverser ce qui est, mais de m'élever au-dessus de lui, mes intentions et mes actes n'ont rien de politique ni de social; n'ayant d'autre objet que moi et mon individualité, ils sont *égoïstes*.

(Stirner 1899 [1845]: 281)

Le rejet de l'objectif révolutionnaire au profit de 'la transformation révolutionnaire de la société à travers la révolte sociale' (AI 2010e) ne rend pourtant pas entièrement cohérente la démarche des organisations et groupes armés car l'inscription de leur action dans l'immédiat ne la met pas à l'abri de la tendance eschatologique qui sous-tend toute vision révolutionnaire (Löwy 1988). La tentation utopique n'y apparaît pas sous la forme messianique de la 'révolution salvatrice' qui, transposant dans le champ politique la croyance des religions apocalyptiques que le mal peut être vaincu, justifie le recours à la violence au nom d'un besoin d'atteindre le perfectionnement de l'humanité ou, tout au moins, de sauver l'humanité en perdition (Gray 2007; Goyard Fabre 1987: 54s). En l'occurrence, le rejet de la perspective révolutionnaire déplace l'utopie de la quête de la création d'une future société idéale à celle de la destruction de la société actuelle. Sur fond de négation de sa nature utopique,[8] indiqué par l'usage récurrent de la formule consacrée 'le jour viendra', la mouvance armée emprunte *de facto* les caractéristiques d'une utopie métaphysique puisqu'elle légitime le recours à la violence par la volonté de modifier le cours de l'histoire par la force, au nom d'une conviction intime de détenir la vérité sur la définition du bien commun et de l'épanouissement personnel.

---

8   Le déni de l'utopie inhérente à certains projets politiques se trouve, par définition, au cœur de la réflexion de leurs défenseurs. Ainsi, Élisée Reclus considérait-il que 'notre monde nouveau pointe autour de nous [...] non seulement il n'est pas chimérique [...] mais il se montre déjà sous mille formes' (2009 [1896]: 31). Sur la (in)capacité des acteurs politiques à percevoir et admettre l'éventuel aspect utopique de leur programme, et à s'interroger sur l'usage de la terreur qu'entraînera inévitablement la mise en œuvre de celui-ci, voir Papaïoannou (1978).

Tableau 2 : Positionnement idéologique de l'anarchisme individualiste.

	Corpus de 2010–2011	Corpus de 2016–2017
Propriété réformatrice de l'individu	20,5%	23,8%
Immédiateté de l'action	10,2%	21,4%
Internationalisation	25,6%	27,2%

Antifascisme

La violente émergence d'Aube dorée dans la sphère publique au cours des années 1990 (Psarras (2014 [2012]), qui a donné lieu à un déferlement d'agressions meurtrières commises par des escadrons d'assaut contre des immigrés mais aussi des militants de gauche (*Eleftherotypia* 2006),[9] n'a pas suscité le ralliement des forces antifascistes pour que celles-ci se traduisent en mouvement. Cette absence de réaction collective est aussi observée dans les années 2000, lorsque l'Aube dorée, agissant initialement sous couvert, à travers l'association des supporters de football Armée bleue,[10] a intensifié de plus en plus son action violente. Pendant plusieurs années, les pogroms et les agressions meurtrières contre des immigrés étaient commis dans un climat d'indifférence générale. Mis à part les nombreuses agressions anti-immigrés (jailgoldendawn s.d.), nous nous référons à deux pogroms. Le premier a eu lieu le 4 septembre 2004 (*Eleftherotypia* 2004; Golfinopoulos 2007), suite à la défaite de la sélection nationale grecque contre l'Albanie dans une rencontre de football. Il a coûté la vie à l'albanais Gramos Palushi et laissé derrière des centaines de blessés. Le deuxième a eu lieu du 10 au 13 mai 2011 (Human Rights Watch 2012; jailgoldendawn 2014), en représailles à l'assassinat d'un Grec par des immigrés. Il a coûté la vie au bangladais Alim Abdul Manan et causé plus

---

9   Notamment contre Dimitris Kousouris, Yannis Karabatsolis et Ilias Fotiadis, en 1998.
10 L'existence de liens étroits entre l'Armée bleue et l'Aube dorée a été dénoncée dès 2001 (*Eleftherotypia* 2001).

La lutte armée définie par les guérilleros 73

d'une centaine de blessés. L'entrée d'Aube dorée au conseil municipal de la mairie d'Athènes en 2010, et au Parlement en 2012, a certes suscité des mobilisations antifascistes à travers le pays, mais l'agression meurtrière contre quatre pêcheurs égyptiens, le 12 juin 2012, n'a déclenché qu'une faible protestation locale,[11] alors que la réaction à l'assassinat de l'ouvrier pakistanais Sahzat Loukman, le 17 janvier 2013, s'est limitée à une seule manifestation massive, à l'instar de ce qui s'est produit suite à l'agression meurtrière contre des syndicalistes communistes, le 12 septembre 2013.

Le glissement de la menace fasciste des cibles précitées, implicitement éloignées des milieux anti-autoritaires sur le plan culturel et politique, vers une cible qui leur était idéologiquement et culturellement familière, à savoir Pavlos Fyssas, le rappeur antifasciste grec assassiné le 18 septembre 2013, a marqué un tournant dans l'évolution du champ antifasciste. En exerçant le rôle de l'accélérateur de la dynamique antifasciste de la société, cet assassinat s'est trouvé à l'origine de l'instauration et expansion ultérieure des mouvances antifascistes, tout en donnant naissance à de nombreux groupes antifascistes, qui ont revendiqué divers actes violents dans 21,4 pour cent des textes de 2016–2017.

La plupart des attentats antifascistes, de gravité mineure, ciblent des membres d'Aube dorée et sont justifiés par des références sommaires au besoin de lutter par tous les moyens possibles contre le fascisme. Celui-ci se manifeste à des niveaux multiples, allant

> des millions de victimes laissées derrière à cause des guerres, des exécutions, des expériences [médicales] et des tortures infligées à des populations socialement vulnérables et à des ennemis du régime, aux méthodes violentes [auxquelles les régimes fascistes ont recours] afin de se faire imposer.
>
> (AI 2016a)

Dépourvus de cadre théorique élaboré, les textes se limitent à expliquer empiriquement les critères de sélection des cibles et à dénoncer l'impunité dont jouissent *de facto* les auteurs d'agressions fascistes. Les guérilleros antifascistes déclarent que leur combat est entendu comme une barricade contre la hausse du fascisme, en intimidant ceux qui cherchent à se faire imposer par la peur 'pour qu'ils craignent de circuler même dans leur quartier' (AI

11 Ayant rassemblé quelques centaines d'individus.

2016g). La reconquête de l'espace public vise aussi bien la restauration symbolique de la normalité démocratique, en chassant le fascisme des rues, que la prévention concrète d'autres attaques violentes grâce à la présence physique et l'action des antifascistes opérant au niveau local.

Toutefois, la mise en avant de cet objectif ne doit pas dissimuler le fait que l'émergence de la lutte armée antifasciste résulte de la réticence de l'appareil répressif à punir les attaques des escadrons d'assaut fascistes (Papanicolaou, Papageorgiou 2016; Alevizopoulou, Zenakos 2014), laquelle a été souvent dénoncée par des organisations des droits de l'homme (Amnistie internationale 2014; Ligue hellénique des droits de l'Homme 2017). En prenant acte du profond déficit démocratique des forces de l'ordre, et en souhaitant venger 'les victimes des agressions xénophobes et homophobes' (AI 2017d), auxquelles n'est jamais rendue justice,[12] les guérilleros antifascistes assument le rôle d'un justicier, qui se substitue aux policiers et magistrats défaillants afin de punir symboliquement les âmes sœurs des auteurs des faits.

Anarcho-communisme

Manifesté dans 14,2 pour cent des textes de 2016–2017, ce courant, représenté notamment par le Groupe de contre-attaque révolutionnaire, émerge en tant que réaction violente à l'impact des politiques d'austérité imposées au pays depuis le début de la crise financière, la rigueur desquelles a provoqué la paupérisation accrue des couches populaires ainsi que l'écroulement des droits sociaux et des libertés fondamentales.

Contrairement aux textes des trois autres courants, les communiqués de revendication d'attentat anarcho-communistes intègrent la lutte armée dans un cadre théorique solide, où foisonnent les références à Karl Marx, Michel Foucault, Luigi Galleani, Guy Debord et Raoul Vaneigem (Ratgeb), alors qu'il n'y a aucune référence au fondateur de l'anarcho-communisme, Piotr Kropotkine (1892). Les textes consistent le plus souvent en de longues

---

12   À titre indicatif, des dizaines d'agressions meurtrières anti-immigrés ont été commises dans certaines banlieues d'Athènes entre août 2016 et octobre 2017. Bien que les victimes aient souvent identifié leurs agresseurs, ceux-ci n'ont jamais été poursuivis (*Efimerida ton Syntakton* 2017).

La lutte armée définie par les guérilleros

analyses politiques et économiques fustigeant le capitalisme et, notamment, le néolibéralisme imposé au pays par ses créanciers internationaux. Par conséquent, la lutte pour la défense de 'nos intérêts de classe qui ne doivent être ni confondus ni servis par voie de délégation' (AI 2016c), est menée contre 'les exigences dévastatrices de la troïka,[13] les réformes qui balaient tous les acquis en droit du travail et la braderie de la richesse publique souhaitées par les patrons étrangers' (AI 2016l). Placés sous la devise 'Guerre à la guerre des patrons' (AI 2017h), les attentats sont entendus en tant que

> actes de violence révolutionnaire … [et expression] de Refus politique … [Ils sont censés] créer des évènements déstabilisant ceux qui conçoivent et mettent en œuvre notre exploitation collective et individuelle [afin de] 'stimuler dans l'esprit [du prolétariat] la foi en la Liberté et la Justice'.
>
> (AI 2016c)

Indissociable de la vision d'une révolution populaire, prolétarienne, la lutte armée est pensée comme un outil de ralliement du prolétariat en vue de déclencher des résistances sociales de masse. Cette perception de la lutte armée, qui rapproche les guérilleros anarcho-communistes des membres des organisations armées du passé, se résume à l'idée que

> si les millions de prolétaires paupérisés, qui n'ont strictement rien à perdre, les migrants internes, les réfugiés de guerre, les parias des métropoles et des centres urbains renversent le couvercle qui les étouffe, […] nous aurons le point de départ pour la naissance et la montée en puissance d'un mouvement révolutionnaire sauvage et émancipé.
>
> (AI 2016l)

L'appel à la révolution sociale, au nom de la lutte contre la servitude du prolétariat et l'amplification de l'injustice sociale, nécessite alors 'la mise en relation de toutes les couches de notre Classe … [et s'adresse à tous les individus] qui seraient susceptibles de défendre ses intérêts … [sans avoir été] intégrés ou assimilés' (AI 2017c). L'organisation des résistances de classe vise à créer 'une digue de protection contre l'assaut de la moderne Dictature de classe' (AI 2016l), en formant 'un mouvement massif et combatif, doté

---

13   À savoir la Commission européenne, la Banque centrale européenne et le Fonds monétaire international.

de racines et objectifs sociaux, de classe, et dirigé vers l'opposition frontale au capitalisme et à tous ses gestionnaires' (mpalothia.net 2016c).

À première vue, l'immédiateté du projet révolutionnaire, résumée à la volonté d'inscrire l'agir dans un 'ici et maintenant' (AI 2016l) – les guérilleros déclarant par ailleurs qu'ils n'ont pas l'intention 'd'attendre stoïquement que les conditions mûrissent' (AI 2016l) – rapproche les guérilleros anarcho-communistes de leurs homologues anarchistes individualistes. Les deux courants divergent pourtant sur le fond dans la mesure où les anarcho-communistes donnent du sens à leur action en la projetant vers l'avenir. Le désir de 'détruire le présent, afin de nous venger pour le passé de soumission et d'exploitation, et de construire l'avenir qui correspond à nos rêves' (AI 2016c) prône la destruction comme étape transitoire nécessaire à une nouvelle création, comme un champ de satisfaction de besoins et désirs collectifs conforme à une vision politique donnée, et non pas comme une fin en soi, une condition nécessaire à la réalisation des désirs individuels suivant une perception nihiliste du devenir politique.

Éco-anarchisme

La sensibilisation croissante de la société civile internationale aux questions environnementales a donné naissance, entre autres, à des mouvances écologiques anarchistes (Alain et al. 2015), qui, dès le début du 21ème siècle, s'activent aussi en Grèce en menant divers combats contre des problèmes environnementaux soulevés, par exemple, par la dérivation du fleuve Achéloos,[14] la mine d'or de Skouries, la destruction d'écosystèmes marins ou la construction de parcs éoliens à travers le pays. Dans le cadre de ces mobilisations éco-anarchistes, le recours à la lutte armée, observé à partir de la moitié des années 2010, reste jusqu'aujourd'hui une option plutôt marginale.

Présent dans 7,1 pour cent des textes de 2016–2017, ce courant, qui introduit des thématiques écologiques dans la lutte armée grecque, dénonce le fait que 'l'homme s'impose à la nature, suivant une logique où l'environnement naturel n'est entendu que comme ressource à exploiter au service de

---

14   Le projet d'un nouveau barrage sur le fleuve Achéloos, au nord-ouest de la Grèce, a été abandonné en mars 2014 suite à un verdict du Conseil d'État.

la croissance perpétuelle du marché et de la hausse incessante de la consommation' (AI 2017g). En adoptant implicitement les thèses primitivistes et la dévalorisation concomitante de la civilisation occidentale (Zerzan 2005; Sheppard 2009 [2003]), la lutte armée éco-anarchiste s'oppose frontalement à 'la fiction du « développement » et du « progrès » … [qui ne sont que] des outils idéologiques de légitimation de la civilisation urbaine et de son expression capitaliste' (AI 2017g). Bien que les guérilleros ne tentent pas de proposer, ne serait-ce que sommairement, un vivre collectif alternatif conformément aux principes éco-anarchistes, le rejet violent de la civilisation urbaine occidentale est entendu comme la première étape d'une vague subversion, d'une 'Révolution diffuse […] qui va promouvoir l'agir anarchiste à chaque facette de la fabrique sociale' (AI 2017g).

Toutefois, cette révolution n'est pas pensée comme un soulèvement populaire au sens marxiste ou anarchiste classique du terme. Adhérant aux principes de l'anarchisme individualiste, les guérilleros éco-anarchistes écartent toute insurrection massive et déclarent catégoriquement que 'pour l'instant, nous ne nous faisons pas d'illusions quant à des révolutions des masses' (AI 2017b). L'influence de l'anarchisme individualiste apparaît aussi clairement dans le fait que leur action n'est pas projetée vers l'avenir. Elle s'inscrit dans un 'ici et maintenant' (AI 2017g), qui la justifie en tant que véhicule de réalisation des désirs des guérilleros. Détachée des besoins et désirs collectifs, la lutte armée se trouve ainsi transformée en un outil de satisfaction individuel, un terrain d'action susceptible de permettre la chasse à

> des instants de vie basée sur nos désirs et nos passions. Des désirs et des passions qui ne peuvent être assouvis par des révolutions de classe, lesquelles ne touchent pas ou touchent à peine des formes de pouvoir telles que le patriarcat, le spécisme, l'anthropocentrisme.
>
> (AI 2017b)

Les rapports à la société

Les courants antifasciste et anarcho-communiste étant respectivement motivés par la lutte contre des phénomènes politiques et économiques précis, à savoir la montée du fascisme et le régime d'austérité imposé au pays par ses créanciers internationaux, la question des rapports à la société n'apparaît guère dans leurs textes analysés ici. En revanche, celle-ci occupe une place prépondérante dans le discours public des deux autres courants.

Anarchisme individualiste

Contrairement au discours public des organisations armées du passé, dont les revendications étaient strictement politiques, le discours actuel comporte également un volet de critique sociale qui interpelle car, en empruntant souvent un ton plaintif, il ne rejette pas la société au nom de sa propension intrinsèque à dominer les individus de manière aliénante mais au nom de ses imperfections. La justification de la lutte armée par la mise en avant d'un long inventaire de maux sociaux finit par éloigner sensiblement les guérilleros de la pensée stirnérienne car, même s'ils adhèrent à des logiques de création à travers la destruction afin de se libérer du joug social, leur comportement semble résulter d'une profonde incompatibilité entre les valeurs sociales dominantes et les leurs plutôt que des contraintes posées à leur épanouissement par l'existence même de la société. Leur affiliation aux thèses stirnériennes semble alors être apparente plutôt que réelle car, en fait, ils rejettent un modèle social concret et non pas la société en tant que construction mentale par définition aliénatrice pour le Moi. La rareté des critiques envers la 'civilisation dominante' (AI 2011r) dans les textes de 2010–2011 indique que le système de pensée initial des guérilleros n'a pas été sensiblement influencé par le primitivisme. Leurs critiques sont avant tout alimentées et façonnées par les thèses du mouvement situationniste (Vaneigem 1992 [1967]; Debord 1996 [1967]; Marcolini 2012) sur les propriétés aliénantes de la société de consommation fonctionnant sous l'emprise des règles du spectacle. L'émergence du courant éco-anarchiste en 2016–2017 suggère, certes, un certain élargissement de l'éventail des origines théoriques des guérilleros anarchistes individualistes, mais ce courant reste jusqu'aujourd'hui marginal.

Présente dans 20,5 pour cent des textes de 2010–2011 et 19 pour cent des textes de 2016–2017, la critique sociale dénonce de manière acerbe 'un monde dominé par l'argent où règnent l'injustice et l'exploitation' (AI 2011b). On pointe du doigt la rupture des relations humaines (AI 2010i)

La lutte armée définie par les guérilleros 79

et la déchéance d'une société hypnotisée par le matérialisme, orientée vers une consommation frénétique, et rassasiée par un flux d'informations journalistiques superficielles et politiquement contrôlées (AI 2011h), qui s'adressent 'au sourire idiot du téléspectateur junkie et au regard bovin de l'insatiable consommateur' (AI 2011p). Prenant acte de la prédominance des relations sociales 'aliénées' (AI 2010k), les guérilleros structurent leur existence autour de leur positionnement sur cet état des choses. Par conséquent, l'opposition à l'aliénation sociale se situe, sans équivoque, au cœur d'un processus de formation de l'identité de tous ceux qui cherchent à s'affirmer en tant qu'individus autonomes et à intervenir de manière dynamique dans la vie publique.

Dans cette configuration, le passage à l'acte se conçoit comme une issue de secours face à un problème existentiel, provoqué par le fait de vivre dans une société vile et aliénée. Dans 12,2 pour cent des textes de 2010/11, sont mentionnées 'la solitude, la vacuité, la médiocrité, la soumission … [qui sont générées par une vie] enfermée dans des appartements, bombardée de publicités et messages télévisuels, exposée à des milliers de caméras, ou trop contrôlée par les gardiens de l'ordre' (AI 2011g).

Ce constat, formulé au sein d'une société dominée par 'des choix indolores, la délation, la complicité suiviste, et la consommation stérile de détritus intellectuels et matériels qui est présentée comme l'incarnation du bonheur' (AI 2010g), ne peut que susciter 'la rage et la haine contre un quotidien misérable' (AI 2010i). Reprise dans 11,9 pour cent des textes de 2016–2017, la dénonciation d'une société basée sur 'la peur, la délation, l'hyperconsommation, l'aliénation, l'égocentrisme, l'apathie, le culte de la patrie et le bigotisme' (AI 2017i) continue à motiver une mouvance armée qui se conçoit en tant que forme de résistance désespérée à la déchéance ambiante d'une 'société meute' (AI 2011k). Érigée en 'revendication de notre existence, alliée du côté authentique de la vie' (AI 2010h), la lutte armée est 'la réponse à la vacuité existentielle dictée par l'actuelle culture de consommation' (AI 2011f), permettant l'évasion 'd'une vie misérable … [et de] l'ennui' (mpalothia.net 2016a). Loin de mener alors à la dynamique d'une future action collective, elle satisfait le besoin de l'évacuation statique d'une pression subie au niveau individuel. Dans cette opposition du Moi au corps social, il n'y a pas la promesse d'une victoire finale. La lutte armée prend l'allure d'une guerre quotidienne et perpétuellement évolutive contre différentes formes d'oppression (Newman 2001: 161), en pleine connaissance du fait que 'la destination finale de tous ceux qui résistent, c'est la prison' (AI 2010f). Par conséquent, 'la rupture active, la guerre sans répit au quotidien, la puissante conscience, la lutte contre les mœurs actuels, la réflexion critique analytique et l'action radicale révolutionnaire' (AI 2010g) n'endossent pas la forme positive d'un schéma d'action destructeur/créateur, mais la forme négative d'un schéma d'action désespéré, qui prêche 'le nihilisme révolutionnaire et l'anarchie antisociale' (AI 2010k).

Une fois ainsi perçus, le rejet catégorique de la 'servitude volontaire de la majorité du corps social' (AI 2011f)[15] et le refus de tout compromis dans un 'monde [qui] ne peut contenir les rêves et désirs' des guérilleros (AI 2011d), deviennent les voies centrales de l'expression d'un système de valeurs structuré autour de la dignité humaine. Évoqués dans 17,9 pour cent des textes de 2010-2011, ces 'derniers remparts de l'existence humaine, la dignité et les valeurs morales' (AI 2011j) guident les pas des guérilleros, appelés à 'prendre la vie entre [leurs] mains et à avancer avec honneur, dignité et courage jusqu'au bout, la révolution' (AI 2010g).

Indissociable de l'autonomie, en tant qu'épanouissement potentiel de l'individu par tous les moyens nécessaires à la formation de son identité personnelle et collective en vue d'accorder du sens à sa vie (Wolff 1970; Colson 2001: 48), cette valorisation de la dignité humaine et du droit de tout être humain d'atteindre le bout de son potentiel nous rappelle la thèse de John Burton sur les limites humaines de la malléabilité de l'individu qui, confronté au risque de l'aliénation, peut opter pour un comportement violent en vue de sauvegarder le noyau dur de son identité (1997: 10s). En même temps, elle accorde à la lutte armée un fondement moral qui rend impensable tout fléchissement – la préservation de la dignité humaine étant le dernier ressort, non négociable, des identités en péril à cause de l'aliénation de leur milieu environnant.

---

15   Posée par Étienne de La Boétie (1997 [1576]), la question de la servitude volontaire est toujours d'actualité aux yeux de ceux qui cherchent de nouvelles voies de réalisation de soi. Pour une analyse approfondie des relations entre la servitude volontaire, les nouvelles formes de subjectivité et les pratiques politiques radicales, voir Newman (2010b).

Située au cœur de l'attitude contestataire, l'affirmation de ce fondement moral peut laisser perplexe pas tellement à cause de sa désaffiliation éventuelle de l'anarchisme individualiste stirnérien mais en raison de son cadre de référence alternatif. Certes, nous pouvons considérer que l'enchérissement de ce fondement moral est compatible avec la position de Stirner qui, tout en condamnant la morale et les obligations afférentes, porte un jugement de valeur positif sur certaines propriétés morales de l'individu maître de soi (Leopold 2002, 2003). Toutefois, dans la mesure où les valeurs morales servent à départager les guérilleros du reste de la société, leur évocation se dissocie de la thèse stirnérienne, qui récuse l'opposition binaire entre l'essence morale de l'individu et le pouvoir immoral et corrupteur de son environnement (Newman 2001: 156). Si nous nous fions au caractère anti-autoritaire de ce discours public, nous pouvons attribuer cet écart à l'influence générale des thèses anarchistes classiques qui, elles, prônent justement une dichotomie entre la morale sociale dominante et celle de la lutte et de l'entraide anarchistes (Kropotkine 2004 [1898]; Bakounine 2009 [2006]: 144s). Cette hypothèse est pourtant mise à mal par l'existence des références religieuses/métaphysiques qui, tout en étant rares, restent troublantes car elles jalonnent au fil des ans le discours public de cette jeunesse révoltée qui, probablement en raison de la toute-puissance de l'Église Orthodoxe grecque, ne parvient pas encore à 'secouer la tyrannie' de la religion (Stirner 1899 [1845]: 67) et à se libérer des schémas mentaux imposés par celle-ci. Les guérilleros peuvent alors, en rendant hommage au guérillero tué Lambros Foundas, avancer qu'on 'le voit là-Haut, élaborant des Plans en compagnie d'autres [guérilleros], rares et beaux' (AI 2011i), lui souhaiter 'au revoir' (AI 2010b) et 'bon voyage' (AI 2010a),[16] ou l'imaginer en train de discuter avec d'autres guérilleros tués dans le feu de l'action, en affirmant que 'Maintenant, Lambros a « une planque ». Il est en compagnie d'autres camarades, Kassimis,[17] Tsoutsouvis,[18] Prekas,[19]

---

16   Ce vœu figurait aussi sur une affiche qui lamentait sur son décès.
17   Membre de la LRP, tué par la police en 1977.
18   Ancien membre de la LRP et fondateur de la Lutte antiétatique, tué par la police en 1985.
19   Délinquant anti-autoritaire, éventuellement lié à la Lutte antiétatique, tué par la police en 1987.

Marinos,[20] Temberekidis,[21] ils ont plein de choses à se dire et à faire' (AI 2010c). Certains guérilleros ont même nommé une cellule révolutionnaire 'Commando Lambros Foundas' en espérant que le guérillero défunt 'comprenne et y consente' (AI 2010c).

Entrant en rupture tant avec les thèses anarchistes classiques qu'avec la théorie stirnérienne, l'ambivalence de la relation établie entre les guérilleros et la religion[22] reflète une ambivalence similaire sous-tendant le discours public des milieux anarchistes et anti-autoritaires en général. Celle-ci est bien illustrée, par exemple, par les déclarations d'une anarchiste en clandestinité[23] fustigeant les prisons 'remplies d'âmes révoltées' (Karakatsani 2009), ou par la dénonciation de 'l'assassinat de quatre personnes dans l'agence de la banque Marfin, en mai 2010', faite par le Ralliement des anarchistes (Syspeirosi Anarchikon 2011b), qui assimile le fœtus à un être humain.[24] Des ambivalences semblables en matière de croyance en l'existence de l'âme et, par extension, d'un au-delà, matrice et lieu de retour des âmes, sont aussi observées dans une nécrologie rédigée en 2018 par le Mouvement anti-autoritaire, où la confirmation de l'athéisme, par la déclaration que 'il n'y a pas d'autre vie', va de pair avec la réflexion que 'Personne, que ce soit à titre collectif ou individuel, n'a jamais pu pénétrer l'âme d'autrui. On peut pénétrer l'esprit et le corps, mais l'âme relève de l'inaccessible' (Free Social Center Nosotros 2018).

Il n'est alors guère surprenant que cette 'pesanteur' de la religion (Piotte 2010 [1970]: 207)[25] influence, ne serait-ce qu'en partie, la conception de

20   Anarchiste, accusé d'assassinat lors d'un vol à main armée, mort dans des conditions suspectes en 1996.
21   Délinquant anti-autoritaire, tué par la police en 1999.
22   Sans vouloir minimiser l'influence de l'orthodoxie sur la société grecque en général, nous soulignons que l'introduction d'éléments religieux dans des idéologies et pratiques révolutionnaires depuis le 19ème siècle a fait l'objet de nombreuses études. Sur les relations ambivalentes entre le nihilisme et le christianisme en particulier, voir Poulis (2011).
23   Konstantina Karakatsani était alors accusée de participation à la CCF.
24   L'incendie criminel d'une agence de la banque Marfin lors d'une manifestation à Athènes, le 5 mai 2010, a coûté la vie à trois employés, dont l'une était enceinte.
25   Le terme 'pesanteur' est entendu dans le sens que lui accorde Jean-Marc Piotte en se référant à la persistance des schémas idéologiques dominants.

La lutte armée définie par les guérilleros 83

l'éventail des actions futures, en érigeant certaines de ces barrières culturelles qui circonscrivent le champ de développement de la liberté de l'individu.[26] Quoique, en pleine crise financière, le patrimoine immobilier de l'Église Orthodoxe grecque reste non taxable, les attentats contre des églises sont rarissimes. Il est révélateur que, lorsque, en 2010, les membres de la CCF se sont penchés sur 'la délimitation des cibles de l'action' (AI 2010d) des trois principaux courants anarchistes, ils n'ont pas ajouté les églises aux 'bâtiments publics, forces de l'ordre [et] symboles de richesse' à attaquer (AI 2010d), même si, un an plus tôt, ils avaient commis des attaques incendiaires contre quatre églises (AI 2009c). En 2016–2017, les attentats contre des églises sont en hausse mais, mis à part un seul cas (AI 2016m), il s'agit des réactions à l'évacuation d'un squat d'hébergement de réfugiés à Thessalonique suite à une plainte déposée par l'Église (AI 2016d, 2016e) et non pas de la manifestation d'une position anticléricale dûment étayée.

Ce fondement moral de la lutte armée, diffus et superficiel à la fois, ne se développe pas au fil des ans. Les références morales disparaissent totalement des textes de 2016–2017, nous permettant ainsi d'entrevoir l'émancipation des guérilleros de tout système de valeurs. La révolte devenant une fin en soi, exclusivement dictée par des motifs existentiels, la vie des individus qui s'y engagent n'est entendue que comme une 'guerre continue au quotidien' (AI 2016i), qui vise seulement à 'détruire l'existant' (AI 2016e).

Tableau 3: Critique anarchiste individualiste envers la société.

	Corpus de 2010–2011	Corpus de 2016–2017
Matérialisme, spectacularisation, aliénation	20,5%	19%
Solitude, ennui, apathie	12,8%	11,9%
Dignité, valeurs morales	17,9%	-

---

26   Selon la définition d'Amedeo Bertolo (2011: 57), la liberté est entendue en tant que possibilité d'un choix causalement déterminé entre actes alternatifs.

Éco-anarchisme

Reproduisant le schéma des critiques sociales énoncées par les anarchistes individualistes, les guérilleros éco-anarchistes lient leur action à une série des critiques qui, en l'occurrence, élargissent leur portée en visant aussi bien la société grecque que la civilisation occidentale. À première vue équivalentes, ces critiques divergent pourtant sur le fond quant à leur rapport au devenir social – ce qui, à son tour, détermine leur hiérarchisation parmi les motifs d'engagement dans la lutte armée. L'analyse des communiqués de revendication d'attentat révèle que, bien que la lutte armée semble obéir à des impératifs écologiques, en dénonçant 'la rationalisation de l'anthropocentrisme, [...] la soif insatiable de progrès et de cumulation des biens matériels [qui] a mené à la domination de la sphère biologique par l'économie' (AI 2017g), la question environnementale reste en fait distante de la vie des guérilleros. Loin de s'inscrire dans un champ de luttes écologiques réelles, susceptibles d'être (aussi) promues par la voie de la lutte armée, elle renvoie à un point de référence abstrait, qui génère des résultats en légitimant le recours à des actions violentes de par son inscription dans l'imaginaire. Il est révélateur que les cas de catastrophes écologiques mentionnés dans les communiqués de revendication d'attentat sont tirés de l'Amérique latine (AI 2017g), de l'Asie du Sud-Est ou de l'Afrique (AI 2017b), et non pas de la Grèce. L'Entente des cellules révolutionnaires, par exemple, commet une série d'attaques incendiaires à Thessalonique pour dénoncer la destruction de la forêt amazonienne 'qui se trouve encore une fois à la ligne de mire des compagnies et des États' (AI 2017g), et non pas la vaste déforestation de la forêt de Skouries, à une centaine de kilomètres loin de Thessalonique, provoquée par l'activité minière de la multinationale Eldorado Gold.

Contrairement à l'approche distante et cérébrale des questions environnementales, la critique sociale exercée à travers les communiqués de revendication d'attentat est émotionnellement chargée car elle est manifestement nourrie par la vie quotidienne des guérilleros. Motivés par leur propre vécu, les guérilleros rejettent une société offrant 'une vie ennuyeuse qui étouffe son stress, ses dépressions et sa misère dans la consommation effrénée de produits inutiles, de services inutiles, de loisirs inutiles, de relations inutiles' (AI 2017g). Ils refusent un mode de vie urbain qui impose 'qu'on reste inconnus parmi des inconnus, lorsqu'on ne partage que quelques centimètres et qu'on n'échange pas un seul mot' (AI 2016j).

Le fait que l'engagement dans la lutte armée sert d'issue de secours face à un problème existentiel plutôt que de moyen de propagation de revendications écologiques est également illustré par l'absence de tout argumentaire en faveur de la création de communes libres autogérées. Considérant *a priori* que 'ce monde d'inutilité générale ne peut être autogéré' (AI 2017g), les guérilleros refusent d'adopter une position politique créatrice et, en choisissant comme seule option possible la destruction, ils affirment catégoriquement que la prise de contrôle de leur vie passe forcément par la 'destruction totale [de ce] dépôt de déchets' (AI 2017g).

Faire face à l'État

Le courant éco-anarchiste ne visant pas à légitimer son action à travers son opposition frontale à l'appareil étatique, vaguement mentionné comme l'un des mécanismes de pouvoir à l'œuvre, l'analyse des rapports des guérilleros à l'État s'appuiera sur l'étude des textes des trois autres courants.

Anarchisme individualiste

L'écart idéologique entre les fondements de ce courant de l'actuelle lutte armée et les thèses stirnériennes, ou même les théories anarchistes classiques, acquiert des dimensions plus importantes lorsque nous abordons la manière dont est perçu l'État. Bien que, comme nous avons souligné plus haut, les guérilleros ne soient pas motivés par une vision politique classique,[27] ils clament et revendiquent leur ancrage à l'anarchisme. Il est révélateur que, en 2012, l'Organisation révolutionnaire Conspiration des

---

27 Selon Nicolas Sevastakis (2009), le cadre de l'action de ces guérilleros relève du métapolitique en raison justement de sa nature existentialiste et de sa rupture radicale avec 'les identités historiques de tous les courants de la Gauche'.

cellules de feu s'est fait appeler Organisation révolutionnaire anarchiste Conspiration des cellules de feu (2012a, 2012b). Pourtant, force est de constater que cette revendication ne va pas de soi. En dépit des apparences de radicalité, leur discours public se caractérise par l'absence de toute demande d'abolition de l'État et de ses institutions – ce qui les éloigne clairement tant des théories anarchistes classiques que de l'antiétatisme stirnérien. Au lieu de promouvoir les thèses d'un libéralisme individualiste, ou d'un libéralisme politique radical, les guérilleros se cantonnent à critiquer la démocratie libérale. À l'instar alors de ce que nous avons observé par rapport à leur critique sociale, leur critique politique ne conteste pas le système politique en tant que tel, à savoir en tant que construction idéologique aliénant l'individu en l'enfermant dans des conditions de vie opprimantes, mais dénonce ses écarts de son idéal-type, comme si c'étaient les imperfections du fonctionnement de l'appareil étatique qui se trouvaient à l'origine de l'adoption d'un répertoire d'action violent de leur part. Au lieu de se rallier à la thèse stirnérienne que le droit est 'un non-sens, une illusion' (Stirner 1899 [1845]: 107), ils s'y opposent car ils estiment qu'il est injuste. Cette position entre aussi en rupture avec la pensée stirnérienne que l'État libéral assujettit l'individu en lui octroyant des droits et des libertés (Lagios 2012: 139). Vue sous cet angle, la liberté politique n'est pas entendue en tant que libération de l'individu du joug de l'État, mais en tant que libération de l'État des liens sociaux antérieurs en vue d'assujettir directement l'individu en lui octroyant la nationalité et les droits et libertés afférents (Préposiet 2005; Newman 2011: 6).

Présentes dans 28,2 pour cent des textes de 2010–2011 et 14,2 pour cent des textes de 2016–2017, les critiques prononcées à l'encontre du régime portent sur la violation régulière des libertés et droits fondamentaux par les représentants de l'appareil répressif. Les dénonciations des défaillances de l'État de droit aboutissent aux constats désabusés que 'la démocratie contre-attaque et se venge' (AI 2011c), ou que 'la façade démocratique du régime s'effondre sous la pression des résistances' (AI 2011e) et 'révèle le visage hideux du totalitarisme' (AI 2011s). Ces conclusions amères vont souvent de pair avec la dénonciation des abus et exactions policiers, des arrestations, poursuites et condamnations judiciaires de nombreux anarchistes pour leurs opinions, et de l'impunité systématique dont jouissent

La lutte armée définie par les guérilleros 87

les policiers faisant preuve d'arbitraire dans l'exercice de leurs fonctions. En 2016–2017, des critiques sévères sont aussi adressées aux magistrats, soit parce qu'ils poursuivent des anarchistes pour leurs opinions, soit parce qu'ils 'jugent selon le droit des bourgeois et du capital, contribuant par ailleurs au maintien de la paix sociale puisqu'ils institutionnalisent l'implicite morale sociale de l'inégalité, de l'exploitation, de la domination par la force, et du pouvoir' (AI 2017a).

    Le bien-fondé de ces critiques est incontestable. La répression violente des manifestations dans un climat de quasi-impunité policière, notamment au début des années 2010, n'est pas seulement dénoncée par des guérilleros (AI 2011f) mais aussi par des organisations (inter)nationales de défense des droits de l'homme, des syndicats et associations de journalistes et même l'Ordre des médecins d'Athènes (Reporters Without Borders 2010; *Eleftherotypia* 2010b; Ligue hellénique des droits de l'Homme 2011a, 2011b; Human Rights Watch 2011; Amnistie internationale 2012, 2014). Les dénonciations des arrestations et mises en détention provisoire d'anarchistes en l'absence de preuves (AI 2010c) se trouvent souvent légitimées par l'acquittement ultérieur des individus concernés.[28] L'introduction d'un système pénal d'exception relatif à la lutte antiterroriste ayant, entre autres, autorisé le déroulement de procès sans jurés, en dehors des salles des tribunaux, et impliqué l'approbation implicite de graves entorses aux règles procédurales, la qualification de ces procès de 'parodie' (AI 2011j) ne fait que reprendre de manière acerbe les sévères critiques de nombreux juristes et chercheurs universitaires (Manoledakis 2002, 2006; Mylonas 2004; Theodoridis 2004).[29] Le caractère politisé de certains arrêts de justice

28   Parmi les affaires mentionnées par les guérilleros, nous citons l'arrestation et mise en détention provisoire de l'anarchiste Aris Seirinidis, accusé d'avoir tiré contre un van des unités anti-émeute en juillet 2009 et acquitté en juin 2011, ainsi que les arrestations des anarchistes Théodore Sipsas et Pavlos Andreadis (Andreev), accusés respectivement de l'incendie meurtrier de l'agence de la banque Marfin et de la tentative d'incendie de la librairie Ianos lors d'une manifestation à Athènes le 5 mai 2010, qui ont été acquittés en octobre 2016.

29   Le rejet *de facto* des principes fondateurs de la démocratie libérale au nom de l'efficacité de la lutte antiterroriste fait partie intégrante des systèmes juridiques européens de l'après-guerre. La dépréciation du régime démocratique résulte aussi bien

a même été dénoncé par la Commission parlementaire des institutions et de la transparence (*Eleftherotypia* 2010a). Enfin, l'amer constat que 'la justice est une toile d'araignée, qui capte et dévore de petites proies, tout en laissant passer les grands serpents qui gouvernent' (AI 2011a) est tristement confirmé tant par l'actualité des scandales non élucidés, dans lesquels se trouvent impliqués de nombreux politiciens et hommes d'affaires, que par les conclusions d'une recherche révélant que, en matière de traitement des affaires criminelles, les inégalités de classe sont reproduites dans toutes les étapes du système pénal (Sorvatzioti 2011).

Cette défense inattendue, quoiqu'exercée à l'envers, des institutions de la démocratie libérale s'accompagne d'une critique virulente des médias, présente dans 10,2 pour cent des textes de 2010–2011 et 4,3 pour cent des textes de 2016–2017. Considérés comme des 'laquais du pouvoir … [orientés vers] la désinformation, la tromperie et la formation de l'opinion publique au profit de leurs patrons' (AI 2010j), les journalistes sont accusés de travailler dans 'les coulisses de la police antiterroriste et de la sûreté de l'État' (AI 2011c), en vue de 'semer la peur parmi tous ceux qui se battent … [et de] créer à nouveau l'image de l'État tout-puissant' (AI 2011n). Il s'agit d'une

> partie vitale d'un mécanisme idéologique des moyens de tromperie de masse, qui est appelée à servir les intérêts de l'État et du capital … [en créant et en reproduisant] une bulle de réalité virtuelle, où l'on range côte à côte la casse des valideurs de titres de transport et la délinquance de droit commun, la lutte armée et les attaques aveugles des djihadistes, le lifestyle et la sous-culture, la solidarité envers les immigrés

> des écarts des principes de l'État de droit lors de l'adoption de lois antiterroristes ou du déroulement de procès afférents que de l'adoption ou tolérance des pratiques extra-judiciaires. Au 21ème siècle, le cas le plus notoire des pratiques pareilles fut l'enlèvement des 'suspects de terrorisme' et leur transfert à des prisons secrètes dans l'UE ou des pays tiers, où ils ont subi des interrogatoires violents, voire des actes de torture (Weissbrodt, Bergquist 2006). La Cour européenne des droits de l'homme a condamné la Pologne (2015), la Lituanie (2018) et la Roumanie (2018) pour avoir été complices du programme de détentions secrètes de la CIA sur leur territoire. En 2018, la publication du rapport de la Commission parlementaire de renseignement et de sécurité britannique a révélé que les services de renseignement et de sécurité MI5 et MI6 avaient été impliqués plus lourdement qu'on ne le croyait dans des enlèvements et des tortures infligées à des 'suspects de terrorisme' (*The Guardian* 2018).

et la charité des ong, l'antifascisme combatif et les agressions racistes des fascistes
... [afin] d'installer dans l'inconscient 'des masses' une réalité biaisée et falsifiée.

(AI 2017i)

Or, à l'instar de ce que nous avons remarqué à propos des critiques sur les défaillances de l'État de droit, les accusations portées contre ceux qui

piétinent la liberté et la dignité de nos camarades en reproduisant les mensonges de la police, complétés avec des scénarios sortis droit de leur imagination, et qui jugent et condamnent en détruisant des réputations et des vies avant même que ceci ne soit fait par la justice d'État

(AI 2011b),

dépassent le champ de la mouvance armée. Elles recoupent les conclusions des travaux de nombreux chercheurs universitaires sur la couverture médiatique de la lutte armée (Panousis 2004, 2005; Chasapi 2013; Skoulas 2015) et, en général, des conflits politiques armés en Grèce (Gavrielidis 2007).

Tableau 4: Critique anarchiste individualiste envers l'État.

	Corpus de 2010–2011	Corpus de 2016–2017
État de droit défaillant	28,2%	14,2%
Collusion entre appareil répressif et médias	10,2%	4,3%

Antifascisme

L'absence de cadre théorique et l'approche empirique du fascisme, observées dans l'analyse du positionnement idéologique de ce courant, déterminent également la formulation des critiques exercées envers l'État. Force est de constater que les guérilleros antifascistes ne proposent aucun exposé des raisons de l'actuelle hausse du fascisme en Grèce. En outre, ils n'abordent pas les fâcheux aspects des politiques migratoires mises en œuvre au cours des années précédentes et ne dénoncent pas le rôle joué par les médias dans la banalisation, la consolidation et l'expansion du racisme et du fascisme à travers le pays. Ils se contentent de fustiger la décision gouvernementale de gérer l'actuelle crise des réfugiés en mettant l'immigration sur un agenda ultra-conservateur, ce qui a impliqué la militarisation du contrôle des mouvements migratoires (AI 2016g), tout en 'servant les intérêts de l'appareil étatique puisque la survie des réfugiés est confiée au pouvoir discrétionnaire de la solidarité sociale, entraînant ainsi inévitablement la désescalade de l'imminente explosion sociale' (AI 2016f).[30]

En dénonçant, par ailleurs, l'ample 'diffusion d'un racisme social' (AI 2016b) nourri par des discours de haine prononcés par divers groupements fascistes, qui visent 'la construction d'un « ennemi intérieur » ... [et] la création d'un « nous » national qui, lissant toutes les contradictions en son sein, agit ou soutient par son discours ou son silence les agressions racistes' (AI 2016b), les guérilleros antifascistes se focalisent sur l'impunité dont jouissent *de facto* les auteurs d'agressions fascistes. Ils lient alors étroitement l'extrême droite à l'État profond et les capitalistes, en affirmant catégoriquement que l'extrême droite 'a toujours consisté en le bras long de l'État et du capital' (AI 2016g). Comme nous l'avons déjà souligné, en analysant les autres critiques exercées envers la société et l'État, ce constat des guérilleros antifascistes est loin d'être original. Il recoupe les conclusions de nombreuses recherches qui mettent en lumière un processus circulaire de renforcement mutuel des instances étatiques et de l'extrémisme de droite, impliquant, entre autres, l'instauration d'un état de tolérance de l'appareil répressif envers les attaques fascistes, laquelle finit par faire voler en éclats toute confiance à la justice institutionnelle (Christopoulos 2014).

C'est dans cette faille de la crédibilité étatique que pénètrent les guérilleros afin de se substituer à l'État dans l'exercice de l'un de ses pouvoirs régaliens en édifiant un régime insolite de justice populaire. L'appréciation que

---

30 Allusion à la vaste mobilisation sociale, déclenchée suite à l'arrivée de près d'un million de demandeurs d'asile entre l'été 2015 et le printemps 2016. Jaillissant en l'absence de toute action publique, mis à part le sauvetage en mer, le soutien aux demandeurs d'asile par d'innombrables individus et collectivités s'est manifesté aux îles de la Mer Égée et à Athènes, sous forme de sauvetage en mer, d'accueil, de distribution de repas et de vêtements, et de logement dans des squats à Athènes.

les nazis sont financés par les capitalistes [et] collaborent avec la police [aboutit à la conclusion que] ces salauds lâches, [qui] n'agressent que des personnes indigentes et opprimées grâce à la tolérance et au soutien de la police, ne sauraient être maîtrisés ni par les tribunaux ni par la loi, ils le seront uniquement par le combat antifasciste au quotidien.

(AI 2016g)

Anarcho-communisme

Si le recours à la violence se justifie en tant que réaction à la violence économique infligée à la population par les régimes d'austérité imposés au pays, les rédacteurs des communiqués de revendication d'attentat anarcho-communistes dénoncent les créanciers internationaux, mais aussi, et surtout, les gouvernements successifs depuis le début de la crise financière,[31] accusés de complicité. Se focalisant sur le temps présent, ils considèrent que, après avoir abandonné les principes de la Gauche, le gouvernement de coalition s'est mis au service du capital international et 'de la bourgeoisie grecque qui en dépend' (AI 2016h), puisqu'il 'a pris le relais des précédents gestionnaires du pouvoir [...] en essayant de réaliser, par des actes législatifs, tout ce dont rêvait le Capital depuis des années [dans le domaine de l'emploi et de la sécurité sociale]' (AI 2017c).

À l'instar de ce qui a été observé par rapport aux critiques exercées par les autres courants, ces accusations ne sont ni originales ni propres à la lutte armée. Elles ne font que reprendre les critiques émises au fil des ans, à tour de rôle, par toutes les élites politiques, selon leur position au sein du champ politique dans une période donnée, ainsi que par de nombreux journalistes. Le constat que les ministres, qui agissent en tant que 'porte-voix des patrons et de la bourgeoisie ... [contribuent à] l'instauration d'un nouveau Moyen Âge quant aux conditions d'emploi' (AI 2016l) se trouve au cœur des protestations des syndicats et de tous les travailleurs grecs depuis le début de la crise financière.

---

31 Gouvernement socialiste (2009–2012), gouvernement de droite (2012–2015), gouvernement de coalition entre le parti de gauche radicale Syriza et le parti souverainiste Grecs indépendants (2015–2019).

La révolution prônée est alors impérieuse à cause de la 'servitude' (AI 2016c) du gouvernement de coalition envers les créanciers internationaux, d'autant plus que la montée au pouvoir dudit gouvernement 'a paralysé la volonté de se battre' (AI 2016c), puisque les mouvements protestataires, très actifs au début de la crise financière, tendent dès lors à rester inertes car ils ont implicitement délégué au gouvernement la conduite de leurs combats.

CHAPITRE 7

Derrière les apparences

L'analyse des stratégies discursives de (dé)légitimation de l'actuelle lutte armée en Grèce, adoptées respectivement par les énonciateurs du discours institutionnel et les guérilleros dans les deux périodes étudiées, met en lumière une réalité bien plus complexe que celle admise tant par les uns que par les autres.

Une mise en question de l'ordre établi ?

Contrairement à l'image véhiculée par les énonciateurs du discours institutionnel, l'analyse du discours public des guérilleros révèle une profonde rupture idéologique et politique entre la génération des 'néo-terroristes' et leurs prédécesseurs. La lutte armée contemporaine se développe de manière autonome par rapport aux lignes directrices des précédentes organisations armées grecques et aux modes d'organisation et d'action des mouvances armées islamistes du 21ème siècle.

Il est clair que ceux qui adhèrent au courant dominant, l'anarchisme individualiste, et à sa variante, l'éco-anarchisme, ne sont pas porteurs de projet révolutionnaire, au sens classique du terme, puisqu'ils ne visent pas à renverser l'ordre établi. Certes, la mise en avant d'un comportement violent lance un défi à l'autorité étatique, d'autant plus que celle-ci est particulièrement ébranlée par la gravité de l'actuelle crise financière, mais ce défi se trouve affaibli par ses propres incohérences idéologiques. Le discours anarchiste des textes analysés ici ne comportant pas d'éléments antiétatistes,[1] son énonciation est avant tout révélatrice d'un profond malaise existentiel, plus ou moins stable dans les deux périodes étudiées, et d'une déception face aux défaillances de la démocratie libérale. L'absence de fondement idéologique solide rendant, par ailleurs, caduque toute prétention hégémonique de cette mouvance armée, ne serait-ce qu'au niveau des individualités librement associées, l'impact politique de celle-ci ne peut que s'émanciper de son discours public. Au fil des ans, la position de ces guérilleros se radicalise davantage, comme il est indiqué par la prolifération, en 2016–2017, des références à l'individu réformateur de l'histoire et au besoin impérieux d'agir dans l'immédiat, alors que leur action devient autoréférentielle, fixée dans sa finalité nihiliste et émancipée de toute association à un système de valeurs quelconque.

S'il y a mise en cause substantielle de l'ordre établi, elle se traduit par l'exigence implicite, et paradoxale eu égard au profil de ceux qui la posent, de l'amélioration de la société et du régime politique actuels conformément à leurs propres principes directeurs. En adoptant des modes d'action violents en vue de promouvoir leurs revendications, qui ne font que reprendre l'exigence de démocratisation qui avait marqué en vain la révolte de 2008, les guérilleros écarteraient l'héritage de la pensée postmoderne du politique de Stirner[2] et, par conséquent, ne sauraient être menaçants pour la quintessence de l'État et de la société grecs.

Il n'est alors guère surprenant que, au début des années 2010, l'un des principaux représentants de la précédente génération de guérilleros (Koufondinas 2012) ressent le besoin d'ouvrir de nouvelles voies à l'action subversive et, prenant du recul, propose l'avancement patient[3] vers la création d'espaces autonomes et le déclenchement d'innombrables révoltes

---

1 Ceci a d'ailleurs été critiqué par certains milieux anarchistes (Syspeirosi Anarchikon 2011a).

2 Stirner est l'un des précurseurs de la pensée politique postmoderne dans le sens où, structurant son système philosophique autour du Moi, il met en lumière le non-dit du discours politique en 'désignant ce contre quoi le ratio politique achoppe' (Assoun 2001 [1986]: 1107).

3 L'inscription de l'agir révolutionnaire dans une dimension temporelle plus longue, en rupture avec l'actuel attachement au présent immédiat, est aussi jugée

Derrière les apparences

locales propres au méta-anarchisme (Newman 2012 [2003]: 104s).[4] La vieille génération recoupe ainsi des courants actuels de pensée critique qui, en mettant en question la possibilité que la 'révolution [survienne] comme une énorme rupture cataclysmique' (Graeber 2007 [2004]: 48), prêchent l'agir révolutionnaire en tant que mode 'd'action collective, qui rejette [...] toute forme de pouvoir ou de domination, réinstituant de la sorte les relations sociales' (Graeber 2007 [2004]: 48), et qui remue entre les fractures de la société existante en vue de la subvertir par le cumul de ces différentes fractures (Holloway 2010).

Le renversement de l'ordre établi ne motive pas non plus le courant antifasciste, qui n'appelle qu'à la création d'un front populaire contre le fascisme. Sans que ceci soit ouvertement admis, ce front antifasciste n'ambitionne pas de mettre en cause les piliers du régime. Au contraire, il semble vouloir garantir la protection des valeurs fondatrices d'une démocratie libérale idéalement instituée, les guérilleros se substituant alors aux forces de l'ordre défaillantes en vue de rétablir la justice évacuée.

Seul le courant anarcho-communiste, qui appelle à un soulèvement des masses au nom d'un projet de révolution anticapitaliste, se rapproche substantiellement des thèses et de la vision politique des organisations armées du passé. Mais, la forte baisse de participation aux manifestations et le déclin des mouvements protestataires depuis 2012 – phénomènes admis par les guérilleros mêmes (AI 2016c) –, indiquent un puissant retrait collectif de la vie publique, qui ne peut que relativiser la portée de l'influence politique de ce courant de la lutte armée. L'énonciation d'un objectif révolutionnaire formulé en des termes clairs et théoriquement solides relève alors du symbolique plutôt que d'un projet politique susceptible de menacer l'ordre établi.

---

nécessaire par certains milieux anarchistes/anti-autoritaires, qui, en se référant à d'autres questions, prônent 'la reconciliation avec la fatigue' de l'effort d'un combat systématique, mené à long terme (Autonome Antifa 2012: 69).

4   Sur les tendances de l'anarchisme contemporain aux États-Unis, voir Amster (2012).

Une protection du régime ?

La mise en lumière de la complexité de l'actuelle lutte armée nous oblige à porter un regard neuf sur les tentatives des énonciateurs du discours institutionnel de la déprécier en dévalorisant sa dimension politique et en passant sous silence ses multiples rapports à l'État et à la société. Même si nous supposons que ce discours public, en grande partie contrôlé par la police, reflétait initialement les limites des capacités analytiques des officiers de la police antiterroriste, qui prétendaient avoir été peu inquiets face aux 'bébés du terrorisme' (*Ta Nea* 2010b; *To Vima* 2010f), il nous est impossible d'expliquer pourquoi la montée en puissance de cette mouvance armée n'a pas influencé sa représentation médiatique. Sans doute, l'insouciance sous-tendant l'appelation 'bébé-terroriste', qui renvoyait au jeune âge des membres de la CCF mais aussi au fait que leurs premiers attentats n'avaient provoqué que des dommages matériels d'infime gravité, a eu un effet rassurant sur l'opinion publique. Jugeant *a posteriori*, il est évident que l'appareil répressif n'a jamais adhéré à cette vision rassurante de la lutte armée. Ceci est clairement illustré tant par la rapidité du démantèlement de la CCF que par les lourdes peines de prison infligées à ses membres dès le premier procès de leurs attentats (Cour d'Assises d'Athènes, juillet 2011). Il nous paraît alors plausible d'estimer que les caractéristiques de ce discours public, qui le rendent statique et trompeur à la fois, obéissent à des impératifs autres, à première vue opaques.

Il est clair que la tentative d'enlever son sens à la lutte armée, en présentant les attentats en termes d'irrationalité et en les liant au crime organisé ou en les intégrant dans un continuum d'(in)sécurité, est indissociable de la mise en œuvre d'un processus de construction sociale de la menace. Plus un comportement est intégré dans un éventail d'actions insolites, plus il est improbable qu'il serve de base de ralliement autour d'un objectif commun, qu'il génère des sentiments d'identification aux auteurs des faits ou qu'il suscite de la solidarité en cas de répression sévère de ceux-ci (Tsoukala 2008c: 140–142), et plus il est facile 'de creuser un fossé de légitimité entre l'usage institutionnalisé de la contrainte matérielle au service de l'ordre politique et les usages protestataires ou contestataires' (Braud 1993: 16). La

Derrière les apparences 97

dissociation artificielle de la mouvance armée du devenir politique finit alors par consolider la cohésion sociale (Edelman 1991 [1988]: 136). Définir implicitement la lutte armée en faisant croire que les guérilleros d'aujourd'hui partagent les mêmes objectifs révolutionnaires que leurs prédécesseurs, en dépit du fait qu'ils n'ont aucun projet pareil, renforce davantage le processus en question, en privant de tout soutien populaire une action collective qui apparaît désormais comme inintelligible car contradictoire. Une fois dénuée de toute rationalité, cette action se trouve associée à une série de phénomènes distincts, allant d'un état d'illégalité diffus à la délinquance de droit commun, en vue d'installer l'idée que la lutte armée est susceptible de porter atteinte à la vie du citoyen ordinaire car elle représente une menace politique et sociale à la fois.

En même temps, cette menace n'est pratiquement attribuée qu'aux milieux anarchistes et d'extrême gauche puisque les représentants de l'appareil répressif passent outre la volonté du législateur et, en percevant de manière strictement institutio-centrique les biens juridiques protégés par la loi antiterroriste, sont *a priori* réticents à appliquer la loi à l'encontre des organisations et groupes d'extrême droite. Par conséquent, bien que les principes idéologiques et l'action des groupements d'extrême droite portent incontestablement atteinte aux valeurs fondamentales du régime, l'appareil répressif se focalise sur la répression d'une seule facette de la lutte armée, la menace de laquelle est systématiquement amplifiée dans la presse afin de créer les conditions nécessaires au large consensus requis pour légitimer la répression sévère de celle-ci et la restriction concomitante des libertés et droits fondamentaux. En l'occurrence, les énonciateurs du discours institutionnel grec suivent les lignes directrices du discours équivalent à l'échelle internationale, procédant ainsi à plusieurs inversions de la définition de la liberté afin d'établir une nouvelle forme de gouvernementalité liberticide, basée sur la gestion de la peur et de l'insécurité.

Toutefois, laisser planer l'idée que cette mouvance armée est essentiellement subversive, opposée à la démocratie libérale, va bien au-delà des mécanismes ordinaires de la construction sociale de la menace. Cela permet aux autorités publiques de rester sourdes aux exigences de démocratisation sous-jacentes aux actions des guérilleros et, par conséquent, d'ignorer toutes les critiques portant sur les violations des principes de l'État de droit. Vus sous cet angle, les objectifs de la politique antiterroriste ne semblent pas être axés sur la protection de la démocratie libérale mais sur la pérpétuation d'un système de pouvoir qui nie *de facto* les principes mêmes du régime qu'il prétend défendre. En inversant alors le regard habituellement porté sur la violence politique, nous constatons que, au-delà des apparences discursives et au-delà des questions de sécurité qu'elle soulève pour les représentants de l'appareil étatique, la lutte armée rend visible la complexité de la manière dont s'articulent les principes fondateurs de la démocratie libérale, la mise en œuvre de ceux-ci dans le fonctionnement de l'appareil d'État, ainsi que la réception de ceux-ci par la population, rappelant *in fine* le droit du peuple à revendiquer le respect des clauses du contrat social en tant que fondement du consensus en démocratie.

Le conflit sous-jacent

Dans le cadre de cette transformation des rapports de force à l'œuvre dans le champ politique grec, la juxtaposition des deux discours publics que nous avons proposée ici acquiert tout son sens par la mise en avant de ce qui n'est pas dit plutôt que de ce qui est dit. Car, alors que ce qui est dit confirme les rôles consciemment ou, tout au moins, formellement adoptés par les uns et les autres, ce qui n'est pas dit brouille l'image aussi bien des rôles respectifs que de la fonction politique des actions entreprises par chaque partie concernée au nom justement du rôle qu'elle endosse.

La lecture de ce qui s'esquisse derrière les apparences nous permet d'entrevoir l'escalade d'une violente confrontation, qui, au lieu d'opposer des individus subversifs aux défenseurs d'un régime politique donné, oppose des individus attaquant ce régime à cause de ses écarts de son idéal-type aux défenseurs d'un *statu quo* morbide. En refusant *de facto* de suivre la voie de la démocratisation, qui mènerait à l'apaisement du conflit, et d'appliquer la loi afin de protéger la société du 'terrorisme' d'extrême droite, les défenseurs institutionnels du *statu quo* ne ciblent qu'un seul espace politique violent en choisissant, de manière alternative ou cumulée, la

Derrière les apparences

répression, la surveillance, l'intimidation, la dissuasion ou la négociation. En d'autres termes, ils adoptent des modes de gestion de la violence politique aux effets provisoires qui, dans la mesure où ils leurs permettent de maintenir un certain contrôle d'une situation par définition complexe et opaque, les laissent toujours maîtres des jeux politiques, bureaucratiques ou corporatifs à l'œuvre dans le champ de la sécurité intérieure (Bigo 1996, 2007), sans qu'il soit jamais possible de contester la justesse de leurs stratégies ou d'ébranler leur pouvoir.

Si alors ni le changement radical n'est là où il est censé être, ni le mécanisme de défense du régime n'est là où il est censé être, il y a deux constats qui s'imposent.

D'une part, en admettant que toute mouvance insurrectionnelle qui ambitionne d'être efficace doit désormais se (re)positionner dans une scène politique fluide – où l'ordre établi peut effectivement s'effondrer sous le coup des crises financières, mais uniquement pour céder la place à des formes de gouvernance plus autoritaires –, la lutte armée n'a de sens que si elle invente à nouveau des modes d'intervention politique propres à elle, en redéfinissant lucidement ses objectifs.

D'autre part, concernant le camp opposé aux guérilleros, ce qui reste ineffable dans la représentation médiatique de la lutte armée ne consiste pas simplement en la enième confirmation de l'ambivalence des actuelles politiques antiterroristes, maintes fois dénoncées pour leur contribution à l'affaiblissement des fondements juridiques et politiques de la démocratie libérale, notamment depuis le début du 21ème siècle (Manitakis, Takis 2004; Bigo, Walker 2006; Balzacq, Carrera 2006; Bigo, Tsoukala 2008; Goede 2008; Perrakis 2009; Neal 2009; Laurens, Delmas-Marty 2010; Paye 2011). Sans que la transgression de la légalité atteigne le niveau des pratiques mises en œuvre par l'État espagnol contre l'ETA (Guittet 2010) ou par l'État italien pendant les années de plomb (Negri 2002; Rayner 2010), la manipulation de l'opinion publique relève du même degré de dangerosité dans la mesure où, en dissimulant le lien causal entre les dysfonctionnements du système politique et les sources de la violence politique, elle contribue délibérément à la pérennisation du conflit en y piégeant finalement toutes les parties impliquées.

Comment ce danger est-il perçu, à savoir s'il est censé mettre en jeu la quintessence de la démocratie libérale ou miner toute perspective insurrectionnelle potentiellement susceptible de renverser la démocratie libérale, est une question librement appréciée selon les convictions politiques de chaque citoyen.

Bibliographie

17 Noemvri [17-Novembre] (2002). *Oi prokiryxeis 1975–2002* [*Les communiqués de revendication d'attentat 1975–2002*]. Athènes: Cactus.

ABC News (2015). 'Taliban Are Not Terrorists, or So Says the White House', 29 janvier, <https://abcnews.go.com/Politics/taliban-terrorists-white-house/story?id=28588120>, consulté le 31 juillet 2018.

Alevizopoulou, M., et Zenakos, A. (2014). 'Scholi axiomatikon tis EL.AS.: « Fysika eimaste fasistes. Yparchei kanena provlima ? »' [École des Officiers de Police: 'Bien sûr qu'on est fascistes. Y a-t-il un problème ?'], *Unfollow*, 30, 62–69.

Altheide, D. L. (2006). *Terrorism and the Politics of Fear*. Lanham, MD: AltaMira Press.

Amnesty International (2018). 'Wrong Prescription: The Impact of Austerity Measures on the Right to Health in Spain', 24 avril, <https://www.amnesty.org/en/documents/eur41/8136/2018/en>, consulté le 9 mai 2018.

Amnistie internationale (2012). 'Astynomiki via stin Ellada: Ochi mono « memonomena peristatika »' [Violences policières en Grèce: Il ne s'agit pas que de 'cas isolés'], 25 mai, <https://www.amnesty.gr/news/press/article/10577/astynomiki-stin-ellada-ohi-mono-memonomena-peristatika>, consulté le 3 avril 2018.

—— (2014). 'Kratos en kratei: Koultoura kakometacheirisis kai atimorisias stin elliniki astynomia' [État dans l'État: Une culture de mauvais traitement et d'impunité au sein de la police grecque], 3 avril, <https://www.amnesty.gr/news/ektheseis/article/20068/kratos-en-kratei-koyltoyra-kakomateheirisis-kai-atimorisias-stin>, consulté le 3 avril 2018.

—— (2016). 'Araviki Anoixi, pente chronia meta' [Le 'Printemps arabe', cinq ans après], 1er février, <https://www.amnesty.gr/news/articles/article/20191/araviki-anoixi-pente-hronia-meta>, consulté le 3 avril 2018.

—— (2017a). 'I apofasi tou Symvouliou tis Epikrateias anoigei to dromo gia tis protes exanagastikes epistrofes aitounton asylo sto plaisio tis symfonias EE-Tourkias' [L'arrêt du Conseil d'État ouvre la voie aux premiers retours forcés des demandeurs d'asile dans le cadre de l'accord UE-Turquie], 22 septembre, <https://www.amnesty.gr/news/press/article/20975/ellada-i-apofasi-toy-symvoylioy-tis-epikrateias-anoigei-dromo-gia-tis>, consulté le 3 avril 2018.

―――― (2017b). 'Livyi: Oi evropaikes kyverniseis synenoches se frikti kakometacheirisi metanaston kai prosfygon' [Libye: Les gouvernements européens se rendent complices d'horribles mauvais traitements envers des migrants et des réfugiés], 11 décembre, <https://www.amnesty.gr/news/press/article/21202/livyi-oi-eyropaikes-kyverniseis-synenohes-se-frikti-kakometaheirisi>, consulté le 3 avril 2018.

―――― (2018). 'Oi kyverniseis tis evrozonis prepei na anagnorisoun oti to chreos tis Elladas einai zitima anthropinon dikaiomaton' [Les gouvernements de la zone euro doivent reconnaître que la dette grecque relève des droits de l'Homme], 29 juin, <https://www.amnesty.gr/news/articles/article/21442/oi-kyverniseis-tis-eyrozonis-prepei-na-anagnorisoyn-oti-hreos-tis>, consulté le 3 août 2018.

Amster, R. (2012). *Anarchism Today*. Santa Barbara, CA: Praeger.

Anders, G. (2014 [1987]). *La violence: oui ou non. Une discussion nécessaire*. Trad. C. David. Paris: Fario.

Angry Brigade (1985). *The Angry Brigade 1967–1984: Documents and Chronology*. London: Elephant Editions.

Anidioteleis cheironaktes tou midenos [*Travailleurs manuels désintéressés du néant*] (2010). Athènes: Demon tou typographeiou.

Antipliroforisi [*Contre-information*] vol. I, II, III (2003). Athènes: Graphes.

Apoifis, N. (2014). '« Fuck May 68, fight now! ». Athenian Anarchists & Anti-Authoritarians: Militant Ethnography & Collective Identity Formation'. Thèse de doctorat. Sydney: Macquarie University.

Arendt, H. (1972 [1969]). 'Sur la violence'. In *Du mensonge à la violence*, pp. 105–208. Trad. G. Durand. Paris: Calmann-Lévy.

Armand, E. (1911). 'Petit Manuel Anarchiste Individualiste'. In S. Faure (dir.), *Encyclopédie Anarchiste*. Paris: La Librairie internationale, <https://www.panarchy.org/armand/anarchiste.individualiste.html>, consulté le 27 septembre 2018.

Assemblée sur l'affaire Lutte révolutionnaire (2012a). *Oi politikes topothetiseis ton syntrofon pou dikazontai gia tin ypothesi tou Epanastatikou Agona sto eidiko dikastirio tou Korydallou* [*Les déclarations politiques des camarades jugés devant la Cour spéciale de Korydallos pour l'affaire Lutte révolutionnaire*]. s.n.

―――― (2012b). *Meres mnimis kai agona* [*Jours de mémoire et de lutte*]. s.n.

Assoun, P.-L. (2001 [1986]). 'Stirner Max'. In F. Châtelet, O. Duhamel, et É. Pisier (dir.), *Dictionnaire des œuvres politiques*, pp. 1101–1107. Paris: PUF.

Astrinaki, R. (2009). '« (Un)hooding » a Rebellion: The December 2008 Events in Athens', *Social Text*, 27(4), 97–107.

Athens indymedia (2007). 'O Marius Jacob kai oi illegalistes' [Marius Jacob et les illégalistes], 13 septembre, <https://athens.indymedia.org/post/763432>, consulté le 12 juin 2012.

Bibliographie

—— (2008). 'Baraz empristikon epitheseon apo Synomosia Pyrinon tis Fotias (9/4/2008)' [Barrage d'attentats incendiaires par la Conspiration des cellules de feu (9/4/2008)], 11 avril, <https://athens.indymedia.org/post/855444>, consulté le 12 juin 2012.

—— (2009a). 'Synomosia Pyrinon tis Fotias – empristikes epitheseis 11 kai 12 Fev. 2009' [Conspiration des cellules de feu – attentats incendiaires 11 et 12 février 2009], 14 février, <https://athens.indymedia.org/post/990142>, consulté le 12 juin 2012.

—— (2009b). 'Aftapates ton anarchikon' [Illusions des anarchistes], 18 février, <https://athens.indymedia.org/post/992429>, consulté le 11 juin 2015.

—— (2009c). 'Analipsi efthynis' [Revendication d'attentat], 9 avril, <https://athens.indymedia.org/post/995144>, consulté le 11 juin 2015.

—— (2009d). 'I fantasiaki thesmisi tis exegersis' [L'institution imaginaire de l'insurrection], 9 novembre, <https://athens.indymedia.org/post/1102425>, consulté le 11 juin 2015.

—— (2010a). 'Oi epanastates otan pethainoun den chanontai' [Les rebelles meurent mais ne disparaissent pas], 16 mars, <https://athens.indymedia.org/post/1144269>, consulté le 11 juin 2015.

—— (2010b). 'Me enan lygmo … (gia ton anarchiko Lambro Founda)' [Avec un sanglot … (pour l'anarchiste Lambros Foundas)], 17 mars, <https://athens.indymedia.org/post/1144754>, consulté le 11 juin 2015.

—— (2010c). 'Synomosia Pyrinon tis Fotias – Analipsi efthynis' [Conspiration des cellules de feu – Revendication d'attentat], 22 mars, <https://athens.indymedia.org/post/1146707>, consulté le 11 juin 2015.

—— (2010d). 'Synomosia Pyrinon tis Fotias – Anakoinosi schetika me ta gegonota tis 5/5' [Conspiration des cellules de feu – Communiqué sur les évènements du 5 mai], 19 mai, <https://athens.indymedia.org/post/1171853>, consulté le 11 juin 2015.

—— (2010e). 'Analipsi efthynis gia ton emprismo tis eforias sta Exarcheia (10/9/2010)' [Revendication de l'attentat incendiaire contre le centre des impôts d'Exarcheia (10/9/2010)], 12 septembre, <https://athens.indymedia.org/post/1206117>, consulté le 11 juin 2015.

—— (2010f). 'Ekdilosi sto Nadir – Syzitisi me ton P. Masoura' [Évènement organisé par Nadir – Discussion avec l'accusé de participation à la CCF P. Masouras], 2 novembre, <https://athens.indymedia.org/front.php3/?lang=el&article_id=1219710%5D>, consulté le 12 mai 2015.

—— (2010g). 'Keimeno ton C. Chatzimichelaki, P. Masoura, K. Karakatsani' [Texte des accusés de participation à la CCF C. Chatzimichelakis, P. Masouras, K. Karakatsani], 7 novembre, <https://athens.indymedia.org/post/1222004>, consulté le 12 mai 2015.

—— (2010h). 'Anakoinosi gia tous syllifthentes syntrofous mas' [Communiqué sur nos camarades arrêtés], 25 novembre, <https://athens.indymedia.org/post/1228193>, consulté le 12 mai 2015.

—— (2010i). 'Analipsi efthynis gia Caravel' [Revendication de l'attentat contre l'hôtel Caravel], 27 novembre, <https://athens.indymedia.org/post/1229025>, consulté le 12 mai 2015.

—— (2010j). 'Analipsi efthynis gia epithesi se MME ton Serron' [Revendication de l'attentat contre des médias à Serres], 11 décembre.

—— (2010k). 'Keimeno tou Gerasimou Tsakalou' [Texte de l'accusé de participation à la CCF Gerasimos Tsakalos], 25 décembre, <https://athens.indymedia.org/post/1242046>, consulté le 12 mai 2015.

—— (2011a). 'Diethnes Anarchiko Diktyo Drasis kai Allilegyis Atypi Anarchiki Omospondia' [Réseau international anarchiste d'action et de solidarité Fédération anarchiste informelle], 5 janvier, <https://athens.indymedia.org/post/1244917>, consulté le 12 mai 2015.

—— (2011b). 'Analipsi efthynis gia diimero empristiko baraz' [Revendication d'un barrage incendiaire sur deux jours], 17 janvier, <https://athens.indymedia.org/post/1249301>, consulté le 12 mai 2015.

—— (2011c). 'Pyrinas epanastatikis allilegyis analipsi efthynis – Thessaloniki' [Cellule de solidarité révolutionnaire Revendication d'attentat – Thessalonique], 20 janvier, <https://athens.indymedia.org/post/1250200>, consulté le 15 mars 2015.

—— (2011d). 'Analipsi efthynis gia tin epithesi sto A. T. Geraka' [Revendication de l'attentat contre le commissariat de police de Gerakas], 11 février, <https://athens.indymedia.org/post/1260581>, consulté le 15 mars 2015.

—— (2011e). 'Analipsi efthynis gia ti Nomiki Scholi' [Revendication de l'attentat contre la Faculté de Droit], 18 février, <https://athens.indymedia.org/post/1263152>, consulté le 15 mars 2015.

—— (2011f). 'Anakoinosi Pyrina Fylakismenon Melon Synomosias Pyrinon tis Fotias gia Chili' [Communiqué de la Cellule des membres emprisonnés de la Conspiration des cellules de feu sur la situation au Chili], 1 mars, <https://www.athens.indymedia.org/post/1268454>, consulté le 15 mars 2015.

—— (2011g). 'Keimeno ton Tsilianidi, Fessa, Tzifka, Dimtsiadi' [Texte des accusés d'un attentat incendiaire Tsilianidis, Fessas, Tzifkas, Dimtsiadis], 4 mars, <https://athens.indymedia.org/post/1269638>, consulté le 15 mars 2015.

—— (2011h). 'Analipsi efthynis gia baraz emprismon stis 2/3/11' [Revendication de barrage incendiaire 2/3/11], 5 mars, <https://athens.indymedia.org/post/1270051>, consulté le 15 mars 2015.

—— (2011i). 'Analipsi efthynis gia trapeza se Kolonaki' [Revendication de l'attentat contre une agence bancaire à Kolonaki], 11 mars, <https://athens.indymedia.org/post/1272080>, consulté le 15 mars 2015.
—— (2011j). 'Analipsi efthynis' [Revendication d'attentat], 12 mars, <https://athens.indymedia.org/post/1272206>, consulté le 15 mars 2015.
—— (2011k). 'Analipsi efthynis gia ton emprismo se 2 vanakia tou OTE ston Geraka' [Revendication de l'attentat incendiaire contre deux vans de l'Organisation de Télécommunications de Grèce à Gerakas], 24 mars, <https://athens.indymedia.org/post/1276444>, consulté le 15 mars 2015.
—— (2011l). 'Keimeno O. Oikonomidou, G. Polydora, G. Nikolopoulou, D. Bolano, C. Tsakalou' [Texte des accusés de participation à la CCF O. Oikonomidou, G. Polydoras, G. Nikolopoulos, D. Bolano, C. Tsakalos], 1 avril, <https://www.athens.indymedia.org/post/1278764>, consulté le 15 mars 2015.
—— (2011m). 'Mia mikri symboli ton fylakismenon melon tis Synomosias Pyrinon tis Fotias gia tin Allilegyi' [Une petite contribution à la solidarité des membres emprisonnés de la Conspiration des cellules de feu], 6 avril, <https://athens.indymedia.org/post/1280064>, consulté le 15 mars 2015.
—— (2011n). 'Keimeno-kalesma se poreia ton Tsilianidi, Fessa, Skouloudi, Tzifka, Dimtsiadi' [Texte-appel à manifester des accusés d'un attentat incendiaire Tsilianidis, Fessas, Skouloudis, Tzifkas, Dimtsiadis], 12 avril, <https://athens.indymedia.org/post/1281903>, consulté le 15 mars 2015.
—— (2011o). 'Gramma tou Giorgou Karagiannidi' [Lettre de l'accusé de participation à la CCF Giorgos Karagiannidis], 13 avril, <https://athens.indymedia.org/post/1282071>, consulté le 15 mars 2015.
—— (2011p). 'Keimeno tou Damianou Bolano apo tis fylakes Domokou' [Texte de l'accusé de participation à la CCF Damianos Bolano, détenu à la prison de Domokos], 20 mai, <https://athens.indymedia.org/post/1293277>, consulté le 15 mars 2015.
—— (2011q). 'Politiki dilosi tou P. Argyrou gia ti diki tis ypothesis tis EO SPF' [Déclaration politique de P. Argyros sur le procès de l'Organisation révolutionnaire CCF], 6 juillet, <https://www.athens.indymedia.org/post/1317659>, consulté le 15 mars 2015.
—— (2011r). 'Analipsi efthynis – emprismoi aftokiniton dimotikis astynomias sti Nea Smyrni' [Revendication des attentats incendiaires contre des véhicules de la police municipale de Nea Smyrni], 7 juillet, <https://athens.indymedia.org/post/1317852>, consulté le 15 mars 2015.
—— (2011s). 'Politikoi kratoumenoi gia tis dioxeis ton Oikonomou kai Kossyva' [Communiqué de détenus politiques sur les poursuites engagées contre Oikonomou et Kossyvas, accusés de cambriolage de banque], 16 août, <https://athens.indymedia.org/post/1325946>, consulté le 15 mars 2015.

—— (2012a). 'Gia ena taxidi pou den echei teleiosei akoma' [Sur un voyage qui n'est pas encore terminé], 14 janvier, <https://athens.indymedia.org/post/1368997>, consulté le 15 mars 2015.

—— (2012b). 'Analipsi efthynis gia ton emprismo etaireias' [Revendication de l'attentat incendiaire contre une entreprise], 16 août, <https://athens.indymedia.org/post/1417170>, consulté le 15 mars 2015.

—— (2016a). 'Analipsi efthynis sti Thessaloniki' [Revendication d'attentat à Thessalonique], 26 juin, <https://athens.indymedia.org/post/1560590>, consulté le 21 février 2018.

—— (2016b). 'Athina analipsi efthynis' [Revendication d'attentat à Athènes], 1 juillet, <https://athens.indymedia.org/post/1560827>, consulté le 21 février 2018.

—— (2016c). 'Analipsi efthynis gia tin epithesi sti D.O.Y. Cholargou-Papagou' [Revendication de l'attentat contre le centre des impôts de Cholargos-Papagos], 21 juillet, <https://athens.indymedia.org/post/1561455>, consulté le 21 février 2018.

—— (2016d). 'Analipsi efthynis' [Revendication d'attentat], 1 août, <https://athens.indymedia.org/post/1561832>, consulté le 21 février 2018.

—— (2016e). 'Analipsi efthynis' [Revendication d'attentat], 6 août, <https://athens.indymedia.org/post/1561982>, consulté le 21 février 2018.

—— (2016f). 'Analipsi efthynis Iraklio' [Revendication d'attentat à Héraklion], 21 août, <https://athens.indymedia.org/post/1562239>, consulté le 21 février 2018.

—— (2016g). 'Analipsi efthynis Elefsina' [Revendication d'attentat à Éleusis], 22 août, <https://athens.indymedia.org/post/1562250>, consulté le 21 février 2018.

—— (2016h). 'Analipsi efthynis' [Revendication d'attentat], 2 octobre, <https://athens.indymedia.org/post/1563473>, consulté le 21 février 2018.

—— (2016i). 'Thessaloniki – Analipsi efthynis' [Thessalonique – Revendication d'attentat], 5 novembre, <https://athens.indymedia.org/post/1564884>, consulté le 21 février 2018.

—— (2016j). '[Thessaloniki] Analipsi efthynis' [Thessalonique Revendication d'attentat], 9 novembre, <https://athens.indymedia.org/post/1565068>, consulté le 21 février 2018.

—— (2016k). 'Synomosia Pyrinon tis Fotias – Schedio Nemesis – Anoichti Protasi' [Conspiration des cellules de feu – Plan Némésis – Proposition ouverte], 11 novembre, <https://athens.indymedia.org/post/1565171>, consulté le 21 février 2018.

—— (2016l). 'Analipsi efthynis gia tin epithesi sto Ethniko Institouto Ergasias ki Anthropinou Dynamikou (E.I.E.A.D.)' [Revendication de l'attentat contre l'Institut National de l'Emploi et des Ressources Humaines (I.N.E.R.H.)],

19 novembre, <https://athens.indymedia.org/post/1565570>, consulté le 25 juin 2018.
—— (2016m). 'Thessaloniki – Analipsi efthynis gia epithesi se ekklisia' [Thessalonique – Revendication de l'attentat contre une église], 26 décembre, <https://athens.indymedia.org/post/1567314>, consulté le 25 juin 2018.
—— (2017a). 'Anarchiki Drasi – Epithesi sto spiti tou proedrou efeton Stergiou Alexiou' [Action anarchiste – Attentat contre le domicile du premier président de la Cour d'appel, Stergios Alexiou], 5 janvier, <https://athens.indymedia.org/post/1567568>, consulté le 25 juin 2018.
—— (2017b). 'Prasini Nemesis – Praxi 2^i (Analipsi efthynis)' [Némésis Verte – 2ème Acte (Revendication d'attentat)], 10 janvier, <https://athens.indymedia.org/post/1567876>, consulté le 25 juin 2018.
—— (2017c). 'Analipsi efthynis gia tis empristikes epitheseis se meli tis Epitropis Sofon' [Revendication des attentats incendiaires contre des membres du Comité des Sages], 11 janvier, <https://athens.indymedia.org/post/1567924>, consulté le 25 juin 2018.
—— (2017d). 'Analipsi efthynis Nea Smyrni' [Revendication d'attentat à Nea Smyrni], 15 janvier, <https://athens.indymedia.org/post/1568060>, consulté le 25 juin 2018.
—— (2017e). '« Tin avlaia tha ti rixoume emeis » Analipsi efthynis' ['Le baisser de rideau sera fait par nous' Revendication d'attentat], 25 janvier, <https://athens.indymedia.org/post/1568471>, consulté le 25 juin 2018.
—— (2017f). '« Empristikos paroxysmos, i aposynthesi ton oneiron sas » Analipsi efthynis' ['Paroxysme incendiaire, la décomposition de vos rêves' Revendication d'attentat], 8 mars, <https://athens.indymedia.org/post/1570153>, consulté le 25 juin 2018.
—— (2017g). 'Analipsi efthynis – Thessaloniki' [Revendication d'attentat – Thessalonique], 10 mars, <https://athens.indymedia.org/post/1570245>, consulté le 25 juin 2018.
—— (2017h). 'Analipsi efthynis gia SPEEDEX' [Revendication de l'attentat contre SPEEDEX], 14 avril, <https://athens.indymedia.org/post/1571965>, consulté le 25 juin 2018.
—— (2017i). 'Analipsi efthynis – Emprismos aftokinitou dimosiokafrou tou skai' [Revendication de l'attentat incendiaire contre la voiture d'un journaliste grossier de Skai], 20 avril, <https://athens.indymedia.org/post/1572184>, consulté le 25 juin 2018.
Athens transport (2018). 'Afieroma sti grammi 4 tou metro' [Dossier spécial sur la ligne 4 du métro]. <https://www.athenstransport.com/2018/06/grammi-4-metro>, consulté le 7 juillet 2018.

Autonome Antifa (2012). *Epitropes Katoikon: Katadysi sto mellon tou ellinikou fasismou* [*Comités de voisinage: Plongée dans l'avenir du fascisme grec*]. s.n.

Avron, H. (2006 [1973]). *Max Stirner i i empeiria tou midenos* [*Max Stirner ou l'expérience du néant*]. Trad. Z. Sarikas. Thessalonique: Panoptikon.

Baker-Beall, C. (2014). 'The evolution of the European Union's « fight against terrorism » discourse: Constructing the terrorist « other »', *Cooperation and Conflict*, 49(2), 212-238.

Bakounine, M. (2009 [2006]). *Philosophia, thriskeia, ithiki* [*Philosophie, religion, morale*]. Trad. Z. Sarikas.Thessalonique: Panoptikon.

Balzacq, T., et Carrera, S. (dir.) (2006). *Security versus Freedom? A Challenge for Europe's Future*. Aldershot: Ashgate.

Bauman, Z. (1997). *Postmodernity and its Discontents*. Cambridge: Polity.

—— (2006a). *Liquid Times: Living in an Age of Uncertainty*. Cambridge: Polity.

—— (2006b). *Liquid Fear*. Cambridge: Polity.

Becker, H. (1963). *Outsiders: Studies in the Sociology of Deviance*. New York: The Free Press of Glencoe.

Benjamin, W. (2012 [1921]). *Critique de la violence*. Trad. N. Casanova. Paris: Payot & Rivages.

Bertolo, A. (2011). *Pera apo ti dimokratia: Anarchia* [*Au delà de la démocratie: L'Anarchie*]. Trad. N. Voulgaris. Athènes: Eftopia.

Bigo, D. (1996). *Polices en réseaux: L'expérience européenne*. Paris: Presses de Sciences-Po.

—— (2002). 'Security and Immigration: Toward a Critique of the Governmentality of Unease', *Alternatives: Global, Local, Political*, 27, 63-92.

—— (2005). 'Les nouvelles formes de la gouvernementalité: surveiller et contrôler à distance'. In M.-C. Granjon (dir.), *Penser avec Michel Foucault: Théorie critique et pratiques politiques*, pp. 129-161. Paris: Karthala.

—— (2007). *The Field of the EU Internal Security Agencies*. Paris: L'Harmattan.

Bigo, D., et Tsoukala, A. (dir.) (2008). *Terror, Insecurity and Liberty: Illiberal practices of liberal regimes after 9/11*. London: Routledge.

Bigo, D., et Walker, R. B. J. (2006). 'Liberté et sécurité en Europe: enjeux contemporains', *Cultures & Conflits*, 61, 103-136.

Bonelli, L. (2011a). 'De l'usage de la violence en politique', *Cultures & Conflits*, 81/82, 7-15.

—— (2011b). 'Sur les sentiers escarpés de la lutte armée', *Le Monde diplomatique*, août, pp. 18-19.

Bonner, D. (1992). 'The United Kingdom Response to Terrorism', *Terrorism and Political Violence*, 4, 171-205.

Bookchin, M. (1995). *Social Anarchism or Lifestyle Anarchism: An Unbridgeable Chasm*. Edinburgh: AK Press.

Bibliographie

Braghetti, A. L., et Tavella, P. (1998). *Il prigioniero* [*Le prisonnier*]. Milano: Mondadori.
Braud, P. (1993). 'La violence politique: repères et problèmes', *Cultures & Conflits*, 9/10, 13–42.
British Journal of Criminology, (The) (2009). *Moral Panics – 36 Years On*, 49(1).
Briziarelli, M. (2014). *The Red Brigades and the Discourse of Violence: Revolution and Restoration*. London: Routledge.
Broek, H. van den (2004). 'BORROKA - The Legitimation of Street Violence in the Political Discourse of Radical Basque Nationalists', *Terrorism and Political Violence*, 16(4), 714–736.
Burton, J. (1997). *Violence explained: The Sources of Conflict, Violence and Crime and Their Prevention*. Manchester: Manchester University Press.
Buzan, B., Waever, O., et Wilde, J. de (1998). *Security: A New Framework for Analysis*. Boulder: Lynne Riener.
Caldwell Butler, A. (1980). 'Josiah Warren and the Sovereignty of the Individual', *The Journal of Libertarian Studies*, 4(4), 433–448.
Cappuccini, M. (2018). *Austerity & Democracy in Athens: Crisis and Community in Exarchia*. London: Palgrave Macmillan.
Chalazias, C. (2003). *I ideologia tou Epanastatikou Laikou Agona: Ta keimena* [*L'idéologie de la Lutte révolutionnaire populaire: Les textes*]. Athènes: Ellinika Grammata.
Chalk, P. (1995). 'The Liberal Democratic Response to Terrorism', *Terrorism and Political Violence*, 4, 10–44.
Chasapi, E. (2013). 'Optikos politismos kai enoples epanastatikes organoseis: Anaparastaseis tis eghorias tromokratias sta ellinika MME' [Culture visuelle et organisations révolutionnaires armées: Les représentations médiatiques du terrorisme en Grèce]. Mémoire de Master 2. Athènes: Université Panteion.
Chomsky, N. (2007). 'Le lavage de cerveaux en liberté', *Le Monde diplomatique*, août <https://www.monde-diplomatique.fr/2007/08/CHOMSKY/14992>, consulté le 2 février 2018.
Christopoulos, D. (dir.) (2014). *To 'vathy kratos' sti simerini Ellada kai i Akrodexia* [*'État profond' et extrême droite dans la Grèce contemporaine*]. Athènes: Nissos.
Cleyre, V. de (2009 [1912]). *De l'action directe*. Lyon: Le Passager clandestin.
Cohen, S. (1972). *Folk Devils and Moral Panics: The Creation of the Mods and Rockers*. London: MacGibbon and Kee.
Collectif (2018). '« Gilets jaunes »: une enquête pionnière sur la « révolte des revenus modestes »', *Le Monde*, 11 décembre, <https://www.lemonde.fr/idees/article/2018/12/11/gilets-jaunes-une-enquete-pionniere-sur-la-revolte-des-revenus-modestes_5395562_3232.html>, consulté le 11 décembre 2018.

Colson, D. (2001). *Petit lexique philosophique de l'anarchisme: De Proudhon à Deleuze*. Paris: Le Livre de Poche.

Conseil paroissial de l'église St. Nicolas à Pefkakia (2016). 'Prosklisi pros anarchikous kai antiexousiastes' [Invitation adressée aux anarchistes et anti-autoritaires], août, <http://www.agnikolaos.gr/articles/475-prosklisi-pros-anarxikous-antieksousiastes>, consulté le 7 avril 2018.

Corriere della sera (2012). '« Abbiamo azzoppato Adinolfi », al Corriere la rivendicazione della FAI'. ['Nous avons rendu boiteux Adinolfi', la FAI envoie à Corriere la revendication de l'attentat], 11 mai, <https://www.corriere.it/cronache/12_maggio_11/rivendicazione-adinolfi-olga_838d0846-9b54-11e1-81bc-34fceaba092f.shtml>, consulté le 9 septembre 2018.

Council of the EU (2012). *Outcome of proceedings of Working Party on Terrorism*, 7705/12 ENFOPOL 73, 15 mars.

Critcher, C. (2003). *Moral Panics and the Media*. Buckingham: Open University Press.

—— (dir.) (2006). *Critical Readings: Moral Panics and the Media*. Maidenhead: Open University Press.

Crotty, J. (2009). 'Structural causes of the global financial crisis: a critical assessment of the « new financial architecture »', *Cambridge Journal of Economics*, 33(4), 563–580.

Cultures & Conflits (2018). *L'état d'urgence en permanence (I)*, 112.

—— (2019). *L'état d'urgence en permanence (II)*, 113.

Curcio, R., et Scialoja, M. (1993). *A viso aperto [À visage découvert]*. Milano: Mondadori.

Debord, G. (1996 [1967]). *La société du spectacle*. Paris: Folio.

Della Porta, D. (1992). 'State Responses to Terrorism: The Italian Case'. In R. Crelinston, A. Schmidt (dir.), *Western Responses to Terrorism*, pp. 151–170. London: Frank Cass.

—— (1995). *Social Movements, Political Violence and the State: A Comparative Analysis of Italy and Germany*. Cambridge: Cambridge University Press.

Discourse & Society (2004). *Interpreting Tragedy: The Language of 11 Sep 2001*, 15(2/3).

Donohue, L. (2001). *Counter-Terrorist Law and Emergency Powers in the United Kingdom 1922–2000*. Dublin: Irish Academic Press.

—— (2008). *The Cost of Counterterrorism: Power, Politics and Liberty*. Cambridge: Cambridge University Press.

Duncan, G., Lynch, O., Ramsay, G., et Watson, A. (dir.) (2013). *State Terrorism and Human Rights: International responses since the end of the Cold War*. London: Routledge.

Edelman, M. (1991 [1988]). *Pièces et règles du jeu politique*. Trad. C. Cler. Paris: Seuil.

Efimerida ton Syntakton, (I) (2016). '« Fotia sta tzamia » dia cheiros Chrysis Avgis' ['Mise à feu des mosquées' par la main d'Aube dorée], 24 juin, <https://www.efsyn.gr/ellada/koinonia/73864_fotia-sta-tzamia-dia-heiros-hrysis-aygis>, consulté le 23 octobre 2018.

—— (2017). 'Ora gia syllipseis ton draston, ochi ton thymaton' [Il est temps d'arrêter les auteurs des faits, pas les victimes], 11 octobre, <https://www.efsyn.gr/ellada/dikaiomata/126501_ora-gia-syllipseis-ton-draston-ohi-ton-thymaton>, consulté le 23 octobre 2018.

Eklundh, E., Zevnik, A., et Guittet, E-P. (dir.) (2017). *Politics of Anxiety*. London: Rowman & Littlefield.

Eleftheria (2016). 'Varies kabanes sta 5 meli tis « EPSILON EY »' [De lourdes peines de prison infligées aux cinq membres de 'EPSILON EY'], 7 octobre, <https://www.eleftheriaonline.gr/local/koinonia/dikastiko/item/105886-varies-kampanes-sta-5-meli-tis-epsilon-ev>, consulté le 9 mai 2018.

Eleftherotypia (2001). 'Nazi me stoli filathlou' [Nazi en uniforme de supporter de football], 1 décembre, <http://www.iospress.gr/mikro2001/mikro20011201.htm>, consulté le 12 juin 2018.

—— (2002a). 'Ti « vlepame » gia 17N prin apo 2 chronia' [Ce qu'on 'apercevait' du 17N avant deux ans], 5 août, pp. 16–17.

—— (2002b). 'Aristera – Dexia kai tromokratia' [La Gauche – la Droite et le terrorisme], 10 août, pp. 15–16.

—— (2004). 'Oi ithikoi aftourgoi tou pogrom' [Les instigateurs du pogrom], 18 septembre, <http://www.iospress.gr/mikro2004/mikro20040918.htm>, consulté le 12 novembre 2018.

—— (2005). '17N: Politiki me alla mesa ?' [17N: De la politique par d'autres moyens ?], 11 décembre, <http://www.iospress.gr/ios2005/ios20051211.htm>, consulté le 12 avril 2018.

—— (2006). 'O Periandros pou egine Antonakis' [Periandros, dirigeant d'Aube dorée, s'est ratatiné devant le tribunal], 8 octobre, <http://www.iospress.gr/ios2006/ios20061008.htm>, consulté le 12 avril 2018.

—— (2010a). 'Vouli kata dykaiosinis gia diafthora !' [Parlement et Justice face à face à propos de la corruption !], 1 novembre, <http://www.enet.gr/?i=news.el.article&id=218965>, consulté le 12 avril 2018.

—— (2010b). 'Dakrygona kai xylo ek promeletis' [Des gaz lacrymogènes et de la bastonnade avec préméditation], 12 décembre, <http://www.enet.gr/?i=news.el.article&id=232511>, consulté le 12 avril 2018.

enikos.gr (2017). '« Parelasi » antiexousiaston sta Exarcheia' ['Défilé' anti-autoritaire à Exarcheia], 30 mars, <https://www.enikos.gr/society/507347/parelasi-antiexousiaston-sta-exarcheia-video>, consulté le 12 septembre 2018.

Epanastatikos Agonas [Lutte révolutionnaire] (s.d.). *Prokiryxeis 2003–2009* [*Communiqués de revendication d'attentat 2003–2009*]. s.n.

Epanastatikos antartopolemos – Omada '1 Mai' [*Guérilla révolutionnaire – Groupe '1er mai'*] (1990). Athènes: Demon tou typographeiou.

Oi ergates tis nychtas [*Les ouvriers de la nuit*] (2011). Athènes: Demon tou typographeiou.

Erikson, K. T. (1966). *Wayward Puritans: A Study in the Sociology of Deviance*. New York: John Wiley.

Ethnos (2009a). 'I palia genia kathodigei tous neotromokrates' [La vieille génération guide les néo-terroristes], 22 février, p. 17.

―― (2009b). 'I palia froura analamvanei drasi stin Antitromokratiki' [La vieille garde reprend du service dans la section antiterroriste], 31 octobre, p. 23.

―― (2010). 'Otan oi poinikoi ... synantisan tous tromokrates' [Quand les délinquants de droit commun ... ont croisé les terroristes], 25 juillet, p. 25.

―― (2011a). 'Mia organosi me vary oplismo pou etoimazotan gia kanoniko polemo' [Une organisation lourdement armée qui s'apprêtait à faire la guerre pour de vrai], 20 mars, p. 19.

―― (2011b). 'Schedio pataxis tis forodiafygis' [Plan de répression de la fraude fiscale], 2 mai, p. 11.

―― (2012). 'Antiexousiastes piso apo ta 5 symvolaia thanatou stin Kypro' [Des anti-autoritaires derrière les cinq contrats d'assassinat à Chypre], 2 juillet, p. 27.

Europol (2018). *European Union Terrorism Situation and Trend Report (TE-SAT)*. <https://www.europol.europa.eu/activities-services/main-reports/european-union-terrorism-situation-and-trend-report-2018-tesat-2018>, consulté le 12 novembre 2018.

―― (2019). *European Union Terrorism Situation and Trend Report (TE-SAT)*. <https://www.europol.europa.eu/activities-services/main-reports/terrorism-situation-and-trend-report-2019-te-sat>, consulté le 22 novembre 2019.

―― (s.d.). 'Europe's most wanted fugitives', <https://eumostwanted.eu/>, consulté le 24 novembre 2018.

Europolice (2012). 'Dissolve secret agencies and police – Anarchy in the EU!', 16 avril, <http://euro-police.noblogs.org/2012/04/dissolve-secret-agencies-and-police-anarchy-in-the-eu>, consulté le 22 janvier 2018.

Fabbri, L. (1903). 'L'individualismo stirneriano nel movimento anarchico' [L'individualisme stirnérien dans le mouvement anarchiste], *Il Pensiero*, 7-8-10, <https://athens.indymedia.org/front.php3?lang=el&article_id=357182>, consulté le 9 mai 2018.

Featherstone, M., Holohan, S., et Poole, E. (2010). 'Discourses of the War on Terror: Constructions of the Islamic Other After 7/7', *International Journal of Media & Cultural Politics*, 6(2), 169–186.

Bibliographie

Fotopoulos, T. (2003). *O polemos kata tis 'tromokratias': I genikevmeni epithesi ton elit* [La guerre contre le 'terrorisme': L'attaque généralisée des élites]. Athènes: Gordios.
—— (2008). *Periektiki dimokratia: 10 chronia meta* [Démocratie inclusive: Dix ans après]. Trad. N. Voulgaris. Athènes: Eleftheros Typos.
Foucault, M. (1975). *Surveiller et punir: Naissance de la prison*. Paris: Gallimard.
—— (2009). *Le courage de la vérité*. Paris: Gallimard/Seuil.
France 24 (2015). 'Aube dorée: des bancs du parlement au box des accusés', 20 avril, <https://www.france24.com/fr/20150420-grece-proces-justice-parti-neo-nazi-aube-doree-extreme-droite>, consulté le 5 avril 2018.
Franceschini, A., Buffa, P. V., et Giustolisi, F. (1988). *Mara, Renato e io: Storia dei fondatori delle BR* [Mara, Renato et moi: L'histoire des fondateurs des Brigades Rouges]. Milano: Mondadori.
Free Social Center Nosotros (2018). 'Antio, syntrofe Petro' [Adieu, camarade Petros], 31 mai, <https://www.facebook.com/FreeSocialCenterNosotros/?rf=350122141698814>, consulté le 6 juin 2018.
Freund, A. (1991). *Journalisme et mésinformation*. Grenoble: La Pensée sauvage.
Gavrielidis, A. (2007). *I synechisi tou Emfyliou me alla mesa* [La poursuite de la Guerre civile par d'autres moyens]. Athènes: Kapsimi.
Geka, M. (2012). 'La construction sociale de la citoyenneté chez les jeunes Grecs'. In P.-D. Galloro, A. Mouchtouris (dir.), *Jeunesse et discrimination*, pp. 201–223. Perpignan: PUP.
Georgiadou, V., Kafe, A., Nezi, S., et Pieridis, C. (2017). 'Plebiscitarian Spirit in the Square: Key Characteristics of the Greek Indignants', *International Journal of Politics, Culture and Society*, 1–17.
Giatromanolakis, G. (2009). 'I pragmatiki apeili' [La véritable menace], *To Vima*, 4 octobre, <https://www.tovima.gr/2009/10/04/opinions/i-pragmatiki-apeili>, consulté le 2 avril 2018.
Girard, R. (1972). *La violence et le sacré*. Paris: Grasset.
Goede, M. (de) (2008). 'The Politics of Preemption and the War on Terror in Europe', *European Journal of International Relations*, 14(1), 161–185.
Golfinopoulos, G. (2007). *'Ellinas pote ...': Alvanoi kai ellinikos typos ti nychta tis 4is Septemvriou 2004* [Jamais Grec ... ': Albanais et presse grecque dans la nuit du 4 septembre 2004]. Ioannina: Isnafi.
Goode, E., et Ben-Yehuda, N. (1994). *Moral Panics: The Social Control of Deviance*. Oxford: Blackwell.
Gournas, K., Roupa, P., et Maziotis, N. (2011). *Keimena apo ti fylaki* [Textes de prison]. s.n.
Goyard Fabre, S. (1987). 'Thomas More et l'Utopie'. In T. More [1516], *L'Utopie, ou Le Traité de la meilleure forme de gouvernement*, pp. 17–65. Paris: Flammarion.

Graeber, D. (2007 [2004]). *Apospasmata mias Anarchikis Anthropologias* [*Fragments of an Anarchist Anthropology*]. Trad. S. Kourouklis. Athènes: Stasei Ekpiptontes.

Graham, P., Keenan, T., et Dowd, A.-M. (2004). 'A call to arms at the end of history: a discourse-historical analysis of George W. Bush's declaration of war on terror', *Discourse & Society*, 15, 199–221.

Gray, J. (2007). *Black Mass: Apocalyptic Religion and the Death of Utopia*. New York: Farrar, Straus and Giroux.

gr-contrainfo.espiv.net (2012). 'Oi monachikoi lykoi den einai monoi …' [Les loups solitaires ne sont pas seuls …], 24 novembre, <https://gr-contrainfo.espiv.net/2012/11/24/greece-lone-wolves-are-not-alone-by-fai-irf-ccf>, consulté le 11 juin 2015.

Greenhill, K. M. (2016). 'Open Arms Behind Barred Doors: Fear, Hypocrisy and Policy Schizophrenia in the European Migration Crisis', *European Law Journal*, 22(3), 317–332.

Groenewold, K. (1992). 'The German Federal Republic's Response and Civil Liberties', *Terrorism and Political Violence*, 4, 136–150.

Guardian, (The) (2001). 'Labour accuses Lords of wrecking anti-terror bill', 7 décembre, <https://www.theguardian.com/politics/2001/dec/07/uk.conservatives>, consulté le 3 février 2018.

—— (2018). 'UK's role in rendition and torture of terrorism suspects – key findings', 28 juin, <https://www.theguardian.com/uk-news/2018/jun/28/uks-role-in-rendition-and-torture-of-terrorism-suspects-key-findings>, consulté le 12 septembre 2018.

Guittet, E.-P. (2010). *Antiterrorisme clandestin, antiterrorisme officiel: Chroniques espagnoles de la coopération en Europe*. Montréal: Athéna.

Hadjimichalis, C. (2013). 'From Streets and Squares to Radical Political Emancipation? Resistance Lessons from Athens', *Human Geography*, 6(2), 116–136.

Hall, S., Critcher, C., Jefferson, T., et Roberts, B. (1978). *Policing the Crisis: Mugging, the State, and Law and Order*. London: Palgrave Macmillan.

Harcourt, B. (2001). *Illusion of Order: The False Promise of Broken Windows Policing*. Cambridge, MA: Harvard University Press.

Hardt, M., et Holloway, J. (2012 [2011]). *Dialogos gia tis koinonikes exegerseis: Thesmothetisi kai anatropi* [*Dialogue sur les insurrections sociales: Institutionnalisation et renversement*]. Trad. A. Holloway. Athènes: Savvalas.

Harvey, D. (2014). *Seventeen Contradictions and the End of Capitalism*. London: Profile Books.

Herman, E. S., et Chomsky, N. (1988). *Manufacturing Consent: The Political Economy of the Mass Media*. New York: Pantheon Books.

Bibliographie

Hermant, D., et Bigo, D. (1986). 'Un terrorisme ou des terrorismes?', *Esprit*, 94-95, 23-37.
Hobo (2011). *Iounis 2011: I ektropi ton ekdochon: Kinitopoiiseis ton plateion kai katastasi ektaktis anagis* [*Juin 2011: Le détournement des scénarios possibles: Mouvements des places et état d'urgence*]. Athènes: Kinoumenoi Topoi.
Hobsbawm, E. (2000). *Bandits*. London: Weidenfeld & Nicolson.
Hodges, A., et Nilep, C. (dir.) (2007). *Discourse, War and Terrorism*. Amsterdam: John Benjamins.
Holloway, J. (2010). *Crack Capitalism*. London: Pluto Press.
Human Rights Watch (2011). 'Greece: Inquiry on Police Abuse a Positive Step', 6 juillet, <http://www.refworld.org/docid/4e32806e2.html>, consulté le 8 mai 2018.
—— (2012). 'Misos stous dromous: I xenophoviki via stin Ellada' [La haine dans la rue: La violence xénophobe en Grèce], 10 juillet, pp. 48-52.
Huysmans, J. (2004). 'A Foucaultian view on spill-over: freedom and security in the EU', *Journal of International Relations and Development*, 7, 294-318.
—— (2006). *The Politics of Insecurity*. London: Routledge.
Iliopoulos, C. (2009). *Oi anarchikes ptyches sto ergo tou Freiderikou Nitse* [*Les aspects anarchistes de l'œuvre de Friedrich Nietzsche*]. Athènes: Eleftheriaki Koultoura.
Irvin, C. (1992). 'Terrorists' Perspectives: Interviews'. In D. Paletz, et A. Schmid (dir.), *Terrorism and the Media: How researchers, terrorists, government, press, public, victims view and use the media*, pp. 62-85. London: Sage.
Jackson, R. (2007). 'Constructing Enemies: « Islamic Terrorism » in Political and Academic Discourse', *Government and Opposition*, 42(3), 394-426.
Jackson, R., Murphy, E., et Poynting, S. (dir.) (2010). *Contemporary State Terrorism: Theory and Practice*. London: Routledge.
jailgoldendawn (2014). 'To chrysavgitiko pogrom ton Mai tou 2011 meta ti dolofonia tou Manoli Kantari' [Le pogrom perpétré par Aube dorée en mai 2011 suite à l'assassinat de Manolis Kantaris], 8 mai, <https://jailgoldendawn.com/2014/05/08>, consulté le 21 juillet 2018.
—— (s.d.). 'Epitheseis se metanastes' [Agressions anti-immigrés], <https://jailgoldendawn.com>, consulté le 21 juillet 2018.
Jenkins, P. (2003). *Images of Terror: What We Can and Can't Know About Terrorism*. New York: Aldine de Gruyter.
Jewkes, Y. (2004). *Media and Crime*. London: Sage.
Johnson, R. (2002). 'Defending Ways of Life: The (Anti-)Terrorist Rhetorics of Bush and Blair', *Theory, Culture & Society*, 19(2), 211-231.
Kalamaras, P. (2013). *Patision kai Stournari gonia* [*À l'angle des rues Patision et Stournari*]. Athènes: Eleftheriaki Koultoura.

—— (2017). *O anarchismos stin Ellada ton 21° aiona* [*L'anarchisme dans la Grèce du 21ème siècle*]. Athènes: Eleftheriaki Koultoura.

Karabelas, G. (2002). *To elliniko antartiko ton poleon 1974–1985* [*La guérilla urbaine grecque 1974–1985*]. Athènes: Graphes.

Karakatsani, K. (2009). 'Anarchiki eimai, zitiana den eimai' [Je suis anarchiste, je ne suis pas mendiante], *Kiriakatiki Eleftherotypia*, 22 novembre, <http://www.enet.gr/?i=news.el.article&id=104305>, consulté le 4 février 2018.

Karaliotas, L. (2017). 'Staging Equality in Greek Squares: Hybrid Spaces of Political Subjectification', *International Journal of Urban and Regional Research*, 41(1), 54–69.

Karamichas, J. (2009). 'The December 2008 riots in Greece', *Social Movements Studies*, 8, 289–293.

Kassimeris, G. (2001). *Europe's Last Red Terrorists: The Revolutionary Organization 17 November*. London: C. Hurst & Co.

—— (2013). 'Greece: The persistence of political terrorism', *International Affairs*, 89(1), 131–142.

—— (2016). 'Greece's Terrorism Problem: A Reassessment', *Studies in Conflict & Terrorism*, 39(9), 862–870.

Kathimerini, (I) (2009a). 'Mono i mafia dolofonei me tetoion tropo' [Il n'y a que la mafia à assassiner ainsi], 21 juin, <https://www.kathimerini.gr/361921/article/epikairothta/ellada/mono-h-mafia-dolofonei-me-tetoion-tropo>, consulté le 12 février 2018.

—— (2009b). 'Ekthesi eiche « provlepsei » tin ektelesi' [Un rapport avait 'prévu' l'exécution], 21 juin, <https://www.kathimerini.gr/361882/article/epikairothta/ellada/ek8esh-eixe-provleyei-thn-ektelesh>, consulté le 12 février 2018.

—— (2010a). 'Evlepan ton 15chrono Afghano na peritrigyrizei ti vomva' [Ils voyaient l'Afghan de quinze ans tourner autour de la bombe], 13 avril, <https://www.kathimerini.gr/390297/article/epikairothta/ellada/evlepan-ton-15xrono-afgano-na-peritrigyrizei-th-vomva>, consulté le 12 février 2018.

—— (2010b). 'To psychographima ton melon tis « Sechtas »' [Le profilage psychologique des membres de la 'Secte'], 25 juillet, <https://www.kathimerini.gr/400103/article/epikairothta/ellada/to-yyxografhma-twn-melwn-ths-sextas>, consulté le 12 février 2018.

—— (2010c). 'Vomves alogis diasporas' [Bombes à fragmentation irrationnelle], 4 novembre, <https://www.kathimerini.gr/722545/opinion/epikairothta/arxeio-monimes-sthles/vomves-aloghs-diasporas>, consulté le 12 février 2018.

—— (2010d). 'Empeiroi kathodigites piso apo tis vomves' [Des meneurs chevronnés derrière les bombes], 4 novembre, <https://www.kathimerini.gr/409775/article/epikairothta/ellada/empeiroi-ka8odhghtes-pisw-apo-tis-vomves>, consulté le 12 février 2018.

Bibliographie

——— (2010e). 'Vomves me kathodigites' [Des bombes sous l'aile des meneurs], 4 novembre, <https://www.kathimerini.gr/409762/article/epikairothta/ellada/vomves-me-ka8odhghtes>, consulté le 12 février 2018.

——— (2010f). 'Analipsi efthynis apo « Pyrines »' [Revendication d'attentat par les 'Cellules'], 26 novembre, <https://www.kathimerini.gr/411995/article/epikairothta/ellada/analhyh-ey8ynhs-apo-pyrhnes>, consulté le 12 février 2018.

——— (2012a). 'Emploki antiexousiaston me symvolaia thanatou' [Des anti-autoritaires impliqués dans des contrats d'assassinat], 9 juillet, <https://www.kathimerini.gr/462345/article/epikairothta/ellada/emplokh-antie3oysiastwn-me-symvolaia-8anatoy>, consulté le 12 février 2018.

——— (2012b). 'Stin Kypro ekdidontai oi dyo antiexousiastes' [Les deux anti-autoritaires sont extradés à Chypre], 25 juillet, <https://www.kathimerini.gr/463823/article/epikairothta/ellada/sthn-kypro-ekdidontai-oi-dyo-antie3oysiastes>, consulté le 12 février 2018.

——— (2013). 'Oi dekaokto ton « Pyrinon »' [Les dix-huit membres des 'Cellules'], 10 février, <https://www.kathimerini.gr/480542/article/epikairothta/ellada/oi-dekaoktw-twn-pyrhnwn>, consulté le 23 janvier 2018.

——— (2015). 'Antartiko organonan oi pente tis « E »' [Les cinq membres de 'E' s'apprêtaient à mener une guérilla urbaine], 27 octobre, <https://www.kathimerini.gr/836325/article/epikairothta/ellada/antartiko-organwnan-oi-pente-ths-e>, consulté le 23 janvier 2018.

——— (2016a). 'Sygharitiria Paraskevopoulou stous kratoumenous mathites pou eisichthisan se AEI' [Le ministre de la Justice Paraskevopoulos félicite les détenus lycéens ayant réussi le concours national d'entrée à l'université], 26 août, <https://www.kathimerini.gr/872355/article/epikairothta/ellada/sygxarhthria-paraskeyopoyloy-stoys-kratoymenoys-ma8htes-poy-eishx8hsan-se-aei>, consulté le 12 février 2018.

——— (2016b). 'Apeiles gia epitheseis apo tous « Pyrines »' [Menaces d'attentats par les 'Cellules'], 16 octobre, <https://www.kathimerini.gr/879448/article/epikairothta/ellada/apeiles-gia-epi8eseis-apo-toys-pyrhnes>, consulté le 12 février 2018.

——— (2017a). 'Erotisi Mitsotaki gia ta afxanomena phenomena vias' [Question du chef de l'opposition de droite, Mitsotakis, sur la hausse des phénomènes de violence], 10 février, <https://www.kathimerini.gr/895737/article/epikairothta/politikh/erwthsh-mhtsotakh-gia-ta-ay3anomena-fainomena-vias>, consulté le 12 février 2018.

——— (2017b). 'Antiparathesi sti Vouli gia eglimatikotita kai axiologisi – Mitsotakis: eiste prothypourgos i provokatoras ?' [Chaude confrontation au Parlement sur la criminalité et l'évaluation – Chef de l'opposition Mitsotakis: vous êtes le premier ministre ou un provocateur ?], 17 février, <https://www.kathimerini.

gr/896797/article/epikairothta/politikh/antipara8esh-sth-voylh-gia-egklh-matikothta-kai-a3iologhsh---mhtsotakhs-eiste-prw8ypoyrgos-h-provokato-ras>, consulté le 12 février 2018.

—— (2017c). 'Oi « Pyrines » piso apo tin epithesi sto vivliopoleio tou Adoni Georgiadi' [Les 'Cellules' revendiquent l'attentat contre la librairie d'Adonis Georgiadis], 24 mars, <https://www.kathimerini.gr/902256/article/epikairothta/ellada/oi-pyrhnes-pisw-apo-thn-epi8esh-sto-vivliopwleio-toy-adwni-gewrgiadh>, consulté le 12 février 2018.

—— (2017d). '« Dipsa gia gnosi » apo fylakismena meli ton Pyrinon' [Les membres emprisonnés des Cellules ont 'soif de connaissances'], 26 mars, <https://www.kathimerini.gr/902152/article/epikairothta/ellada/diya-gia-gnwsh-apo-fylakismena-melh-twn-pyrhnwn>, consulté le 12 février 2018.

—— (2017e). 'Synagermos meta tin epithesi sti Eurobank' [Alerte rouge après l'attentat contre une agence d'Eurobank], 21 avril, <https://www.kathimerini.gr/906036/article/epikairothta/ellada/synagermos-meta-thn-epi8esh-sth-eurobank>, consulté le 12 février 2018.

—— (2017f). 'Stratologisi neon tromokraton' [Recrutement de nouveaux terroristes], 24 avril, <https://www.kathimerini.gr/906413/article/epikairothta/ellada/stratologhsh-newn-tromokratwn>, consulté le 12 février 2018.

—— (2018a). 'Seven key suspects of far-right Combat 18 Hellas group testify, four remanded in custody', 10 mars, <http://www.ekathimerini.com/226619/article/ekathimerini/news/seven-key-suspects-of-far-right-combat-18-hellas-group-testify-four-remanded-in-custody>, consulté le 12 février 2018.

—— (2018b). 'Toskas: « Oute vima piso » sti machi kata tis akrodexias tromokratias' [Toskas, ministre adjoint de la Protection du citoyen: 'Pas un pas en arrière' dans la lutte contre le terrorisme d'extrême droite], 31 mars, <https://www.kathimerini.gr/956909/article/epikairothta/politikh/toskas-oyte-vhma-pisw-sth-maxh-kata-ths-akrode3ias-tromokratias>, consulté le 12 février 2018.

Katsaros, S. (2008 [1999]). *Ego, o Provokatoras, o Tromokratis: I goiteia tis vias* [*Moi, le Provocateur, le Terroriste: Le charme de la violence*]. Ioannina: Isnafi.

Kelling, G., et Wilson, J. (1982). 'Broken windows: the police and neighborhood safety', *Atlantic Monthly*, 249(3), 29–38.

Kellner, D. (2002). 'September 11, the Media, and War Fever', *Television & New Media*, 3, 143–151.

Kepplinger, H. M., et Habermeier, J. (2006). 'The impact of key events on the presentation of reality'. In C. Critcher (dir.), *Critical Readings: Moral Panics and the Media*, pp. 226–239. Maidenhead: Open University Press.

Koch, A. (2012 [1993]). 'O metadomismos kai i epistimologiki vasi tou anarchismou' [Post-Structuralism and the Epistemological Basis of Anarchism]. In T. May,

Bibliographie

A. M. Koch, et S. Newman, *Eisagogi ston meta-anarchismo* [*Introduction to Post-Anarchism*], pp. 37–78. Trad. Υ. Voyatzis, C. Iliopoulos. Athènes: Stasei Ekpiptontes.

Koppa, M. (2013). 'Giati i Chrysi Avgi den einai tromokratiki organosi ?' [Pourquoi Aube dorée n'est-elle pas qualifiée d'organisation terroriste ?], *Tvxs*, 12 octobre <https://tvxs.gr/news/egrapsan-eipan/giati-i-xrysi-aygi-den-einai-tromokratiki-organosi-tis-marilenas-koppa>, consulté le 10 février 2018.

Koren, R. (1996). *Les enjeux éthiques de l'écriture de presse et la mise en mots du terrorisme*. Paris: L'Harmattan.

Kosmos tou Ependyti, (O) (2010a). 'Neotromokratia me osmi parakratous' [Néo-terrorisme au parfum d'État profond], 24–25 juillet, pp. 14–15.

—— (2010b). 'Idou ta evrimata stis giafkes' [Ce qu'on a découvert dans les planques des terroristes], 11–12 décembre, pp. 20–21.

Kotronaki, L., et Seferiades, S. (2010). 'Sur les sentiers de la colère: l'espace-temps d'une révolte', *Actuel Marx*, 48(2), 152–165.

—— (2011). 'Azione insurrezionale collettiva: una analisi della dinamica degli eventi' [Action collective insurrectionnelle: une analyse de la dynamique des évènements], *Partecipazione e Conflitto*, 3, 17–36.

Koufondinas, D. (2009a). 'La tentation terroriste en Grèce', *L'Express*, 5 février <https://www.lexpress.fr/actualite/monde/europe/la-tentation-terroriste-en-grece_738343.html>, consulté le 6 juillet 2018.

—— (2009b). 'Chreiazetai polli skepsi prin apo kathe enopli drasi' [Il faut réfléchir longuement avant tout passage à une action armée], *Proto Thema*, 28 février, <https://www.protothema.gr/greece/article/25072/d-koyfontinas-xreiazetai-pollh-skepsh-prin-apo-kathe-enoplh-drash>, consulté le 2 mars 2018.

—— (2012). 'Mia machi me ti mnimi' [Un combat contre l'oubli], *Vathi Kokkino*, 22 mai, <http://vathikokkino.gr/archives/30268>, consulté le 15 mai 2018.

—— (2013). 'Den aparnoumai tin istoria mou' [Je ne renie pas mon histoire], *I Efimerida ton Syntakton*, 8 décembre, <https://www.alfavita.gr/koinonia/114118_koyfontinas-den-aparnoymai-tin-istoria-moy>, consulté le 2 mars 2018.

—— (2014). *Gennithika 17 Noemvri* [*Je suis né le 17 novembre*]. Athènes: Livanis.

—— (2015). 'I laiki kinitopoiisi einai to megalo elleimma kai to megalo zitoumeno' [La mobilisation populaire, c'est ce qui manque et ce qui est recherché], *I Efimerida ton Syntakton*, 17 janvier, <https://www.efsyn.gr/politiki/synenteyxeis/11556_i-laiki-kinitopoiisi-einai-megalo-elleimma-kai-megalo-zitoymeno>, consulté le 2 mars 2018.

—— (2016). *13 Apantiseis* [*13 Réponses*]. Athènes: Monopati.

Kritidis, G. (2014). 'The Rise and Crisis of the Anarchist and Libertarian Movement in Greece, 1973–2012'. In B. van der Steen, A. Katzeff, et L. van Hoogenhuijze (dir.), *The City is Ours: Squatting and Autonomous Movements in Europe from the 1970s to the Present*, pp. 63–94. Oakland CA: PM Press.

Kropotkine, P. (1892). *La conquête du pain*. <http://kropot.free.fr/Kropotkine-pain.htm>, consulté le 5 avril 2018.

—— (2004 [1898]). *La morale anarchiste*. Paris: Mille et une nuits.

Kyriakatiki Eleftherotypia (2010). 'Anoixan omadon pyr enantion mou, simadevontas sto psachno' [Ils ont tous ouvert le feu sur moi, en me prenant pour cible], 31 janvier, <http://www.enet.gr/?i=news.el.article&id=127064>, consulté le 12 février 2018.

Labica, G. (2005). *La violence ? Quelle violence ?*. <https://www.lahaine.org/labica/b2-img/labica_violence.pdf>, consulté le 6 avril 2018.

—— (2007). *Théorie de la violence*. Napoli/Paris: La Città del Sole/Vrin.

La Boétie, É. de (1997 [1576]). *Discours de la servitude volontaire*. Paris: Mille et une nuits.

Lagios, T. (2012). *Stirner – Nietzsche – Foucault: O thanatos tou Theou kai to telos tou Anthropou* [*Stirner – Nietzsche – Foucault: La mort de Dieu et la fin de l'Homme*]. Athènes: Futura.

Lambropoulou, E. (2004). 'Tromokratia kai peri tromokratias: Oi apantiseis' [Terrorisme et sur le terrorisme: Les réponses]. *Epistimi kai koinonia*, 12, 219–248.

Laurens, H., et Delmas-Marty, M. (dir.) (2010). *Terrorismes: Histoire et droit*. Paris: CNRS Éditions.

Lazar, A., et Lazar, M. (2004). 'The discourse of the New World Order: « out-casting » the double face of threat', *Discourse & Society*, 15, 223–242.

—— (2010). *The Discourse of the New World Order: Global Governance and the War on Terror*. London: Routledge.

Leopold, D. (2002). 'Max Stirner', *The Stanford Encyclopedia of Philosophy*, <https://plato.stanford.edu/entries/max-stirner>, consulté le 4 juin 2018.

—— (2003). 'A Left-Hegelian Anarchism', *The European Legacy*, 8(6), 777–786.

Leudar, I., Marsland, V. et Nekvapil, J. (2004). 'On membership categorization: « us », « them » and « doing violence » in political discourse', *Discourse & Society*, 15, 243–266.

Ligue hellénique des droits de l'Homme (2011a). 'Lefta gia chimika pantos yparchoun' [En tout cas, on ne manque pas d'argent pour des gaz lacrymogènes]. Dossier de presse, 29 juin, <http://www.hlhr.gr>, consulté le 12 mai 2018.

—— (2011b). 'Anakoinosi gia ta nea peristatika astynomikis vias' [Communiqué sur les nouveaux cas de violence policière]. Dossier de presse, 7 octobre, <http://www.hlhr.gr>, consulté le 12 mai 2018.

—— (2017). 'Gia tin epithesi melon tis X.A. se varos politon kai dikigorou exo apo to Efeteio' [Sur l'agression de civils et d'une avocate par des membres d'Aube

dorée en dehors de la Cour d'Appel]. Dossier de presse, 1 novembre, <http://www.hlhr.gr>, consulté le 12 mai 2018.
Loadenthal, M. (2016). 'Interpreting Insurrectionary Corpora: Qualitative-Quantitative Analysis of Clandestine Communiqués', *Journal for the Study of Radicalism*, 10(2), 79–100.
—— (2017). *The Politics of Attack: Communiqués and Insurrectionary Violence*. Manchester: Manchester University Press.
Lolos, M. (2018a). 'I allilegyi den echei fraktes' [La solidarité n'a pas de barrière]. Photos sur Facebook, 23 mai, <https://www.facebook.com/marios.lolos.1>, consulté le 9 août 2018.
(2018b). 'I choose my toys'. Photos sur Facebook, 27 mai, <https://www.facebook.com/marios.lolos.1>, consulté le 9 août 2018.
Löwy, M. (1988). *Rédemption et utopie*. Paris: PUF.
Luxemburg, R. (2007 [1902]). 'Via kai nomimotita' [Violence et légalité]. In V. Lénine, R. Luxemburg, L. Trotsky, *Gia tin atomiki tromokratia, ti via kai tin epanastasi* [Sur le terrorisme individuel, la violence et la révolution], pp. 29–39. Trad. K. Miltiadis. Athènes: Korontzis.
McGovern, M. (2011). '« The IRA are not Al-Qaeda »: « New terrorism » discourse and Irish republicanism'. In K. Hayward, et C. O'Donnell (dir.), *Political Discourse and Conflict Resolution: Debating peace in Northern Ireland*, pp. 192–208. London: Routledge.
Maigret, E. (2004). *Sociologie de la communication et des médias*. Paris: Armand Colin.
Manconi, L., et Dini, V. (1981). *Il discorso delle armi: L'ideologia terroristica nel linguaggio delle Brigate Rosse e di Prima Linea* [Le discours des armes: L'idéologie terroriste dans le langage des Brigades rouges et de Prima Linea]. Roma: Savelli.
Manesis, A. (1980). *Syntagmatiki theoria kai praxi, 1954–1979* [Théorie et droit constitutionnel, 1954–1979]. Thessalonique: A. Sakkoulas.
Manitakis, A., et Takis, A. (dir.) (2004). *Tromokratia kai dikaiomata: apo tin asfaleia tou kratous stin anasfaleia dikaiou* [Terrorisme et droits: de la sécurité de l'État à l'insécurité juridique]. Athènes: Savvalas.
Manoledakis, I. (2002). *Asfaleia kai eleftheria* [Sécurité et liberté]. Athènes: A. Sakkoulas.
—— (2006). *I aponomi dikaiosynis se periodo krisis* [Rendre la justice en temps de crise]. Athènes: A. Sakkoulas.
Marcolini, P. (2012). *Le mouvement situationniste: Une histoire intellectuelle*. Paris: L'Échappée.
Marenssin, E. (1972). *La 'bande à Baader' ou la violence révolutionnaire*. Paris: Champ libre.
O Marius Jacob kai oi illegalistes [Marius Jacob et les illégalistes] (1995). Athènes: Demon tou typographeiou.

Marlin, R. (2002). *Propaganda & the ethics of persuasion*. Ontario: Broadview.
Marx, K., et Engels, F. (1976 [1932]). *L'idéologie allemande*. Paris: Temps actuels.
May, T., Koch, A. M., et Newman, S. (2012). *Eisagogi ston meta-anarchismo* [*Introduction to Post-Anarchism*]. Trad. Υ. Voyatzis, C. Iliopoulos. Athènes: Stasei Ekpiptontes.
Menéndez, A. J. (2016). 'The Refugee Crisis: Between Human Tragedy and Symptom of the Structural Crisis of European Integration', *European Law Journal*, 22(4), 388–416.
'... *mia selida, mia sfaira, mia selida, mia sfaira* ...': *I istoria tis Action Directe: chroniko-keimena-sinentefxeis* ['... *une page, une balle, une page, une balle* ...': *L'histoire d'Action Directe: chronique-textes-interviews*] (2010 [2005]). Athènes: Demon tou typographeiou.
Moran, M., et Waddington, D. (2016). *Riots: An International Comparison*. London: Palgrave Macmillan.
Moretti, M. (1994). *Brigate Rosse: Una storia italiana* [*Brigades rouges: Une histoire italienne*]. Milano: Anabasi.
Moulain, S., et Beuvain, C. (2006). 'Instructions pour une prise d'armes. Orientation bibliographique et filmique', *Dissidences*, 1, 11–40.
Mowbray, M. (2010). 'Blogging the Greek Riots: between aftermath and ongoing engagement', *The Resistance Studies Magazine*, 1, 4–15.
mpalothia.net (2016a). 'Athina: Analipsi efthynis gia pyrpolisi ochimaton ton ELTA stous Agious Anargyrous' [Athènes: Revendication de l'attentat incendiaire contre des véhicules de la Poste à Agioi Anargyroi], 30 mai, <https://mpalothia.net/athina-analipsi-efthynis-gia-pyrpolisi-ochimaton-ton-elta-stous-agious-anargyrous>, consulté le 17 mai 2018.
—— (2016b). 'Athina: Analipsi efthynis gia triplo emprismos' [Athènes: Revendication d'un triple attentat incendiaire], 4 juin, <https://mpalothia.net/athina-analipsi-efthynis-gia-triplo-ebrismos>, consulté le 17 mai 2018.
—— (2016c). 'Peristeri: Analipsi efthynis gia empristiki epithesi se DOY' [Peristeri: Revendication de l'attentat incendiaire contre un centre des impôts], 17 juin, <https://mpalothia.net/peristeri-analipsi-efthynis-gia-ebristiki-epithesi-se-dou>, consulté le 17 mai 2018.
Mylonas, I. (2004). *Ypothesi 17N: Giati den itan dikaii i diki* [*L'affaire 17N: Pourquoi le procès n'était pas équitable*]. Athènes: Proskinio.
Mythen, G., et Walklate, S. (2006). 'Communicating the terrorist risk: harnessing a culture of fear?', *Crime, Media, Culture*, 2(2), 123–142.
Naftemporiki (2017). 'Pligma gia tin Ellada oi apostoles dematon me ekriktika' [L'envoi des colis piégés porte atteinte à la Grèce], 17 mars, <https://m.naftemporiki.gr/story/1215178/pligma-gia-tin-ellada-oi-apostoles-dematon-me-ekriktika>, consulté le 12 novembre 2018.

Bibliographie

Nea, (Ta) (2003a). 'Ta Praktika tis dikis tis 17 Noemvri' [Compte rendu du procès du 17-Novembre], 5 mars, <https://www.tanea.gr/2003/03/05/greece/ta-praktika-tis-dikis-tis-17-noembri-a-meros>, consulté le 14 mars 2018.
—— (2003b). 'Ta Praktika tis dikis tis 17 Noemvri' [Compte rendu du procès du 17-Novembre], 13 mars, <https://www.tanea.gr/2003/03/13/greece/ta-praktika-tis-dikis-tis-17-noembri-3>, consulté le 14 mars 2018.
—— (2010a). 'Me kathodigisi apo ti 17N' [Sur instructions du 17N], 12 avril, <https://www.tanea.gr/2010/04/12/greece/me-kathodigisi-apo-ti-17n>, consulté le 21 octobre 2018.
—— (2010b). 'Anazitoun dyo demata kai dyo neous « tachy-tromous »' [La police antiterroriste recherche deux colis et deux autres 'facteurs-terreur'], 4 novembre, <https://www.tanea.gr/2010/11/04/greece/anazitoyn-dyo-de-ata-kai-dyo-neoys-taxy-tro-oys>, consulté le 21 octobre 2018.
—— (2011). 'Lernaia Hydra oi Pyrines tis Fotias' [Les Cellules de feu, une Hydre de Lerne], 19 janvier, <https://www.tanea.gr/2011/01/19/greece/lernaia-ydra-oi-pyrines-tis-fwtias>, consulté le 21 octobre 2018.
Neal, A. (2009). *Exceptionalism and the Politics of Counter-Terrorism: Liberty, Security and the War on Terror*. London: Routledge.
Negri, A. (2002). *I zoi mou apo to Alpha os to Omega* [*Ma vie de A à Z*]. Trad. M. Kounezi. Athènes: Metaixmio.
Nettlau, M. (2011 [1925]). *Histoire de l'anarchie*. Pouy/l'Osse: Laville.
Neveu, É. (2001). *Sociologie du journalisme*. Paris: La Découverte.
Newman, S. (2001). 'War on the State: Stirner and Deleuze's Anarchism', *Anarchist Studies*, 9(2), 147–163.
—— (2010a). *The Politics of Postanarchism*. Edinburgh: Edinburgh University Press.
—— (2010b). 'Voluntary Servitude Reconsidered: Radical Politics and the Problem of Self-Domination', *Anarchist Developments in Cultural Studies*, 1, 31–49.
—— (2011). 'Introduction: Re-encountering Stirner's Ghosts'. In S. Newman (dir.), *Max Stirner*, pp. 1–18. London: Palgrave Macmillan.
—— (2012 [2003]). 'Meta-anarchismos kai exousia' [Post-anarchism and Power]. In T. May, A. M. Koch, et S. Newman, *Eisagogi ston Meta-anarchismo* [*Introduction to Post-Anarchism*], pp. 79–119. Trad. Y. Voyatzis, C. Iliopoulos. Athènes: Stasei Ekpiptontes.
Newpost (2017). 'Sygharitiria St. Kontoni stous kratoumenous pou perasan se AEI kai TEI' [Félicitations du ministre de la Justice St. Kontonis aux détenus ayant réussi le concours national d'entrée à des établissements d'enseignement supérieur], 25 août, <http://newpost.gr/ellada/625407/sygxarhthria-st-kontonh-stoys-kratoymenoys-poy-perasan-se-aei-kai-tei>, consulté le 31 mars 2018.

News 24/7 (2018). 'Tsipras: Den yparchei dimokratia choris asfaleia gia tous polites' [Premier ministre Tsipras: Il n'y a pas de démocratie sans la sécurité des citoyens], 7 mars, <https://www.news247.gr/politiki/tsipras-den-yparchei-dimokratia-choris-asfaleia-gia-toys-polites.6577963.html>, consulté le 30 avril 2018.

Novelli, E. (1988). 'Rappresentazione della realtà e strategie comunicative nei volantini delle Brigate Rosse dal 1970 al 1978' [Représentations de la réalité et stratégies communicatives dans les tracts des Brigades rouges 1970–1978], *Passato e presente*, 16, 81–106.

Organisation révolutionnaire anarchiste Conspiration des cellules de feu (2012a). *Fotia kai barouti: Apo tin Indonisia mechri kai ti Chili – Mia protasi gia ti FAI/IRF* [*De la poudre et du feu: de l'Indonésie au Chili – Une proposition à la FAI/IRF*]. s.n.: Mavri Diethnis.

—— (2012b). *Imerologia dromon* [*Carnets de routes*]. s.n.: Punk Anatheorisi.

Panourgia, N. (2009). *Dangerous Citizens: The Greek Left and the Terror of the State*. New York: Fordham University Press.

Panousis, Y. (2004). *Estin oun dikis ofthalmos i i diki katesti monofthalmos ? Tileoptiki metadosi tis dikis 17N* [*Y a-t-il l'Oeil de la Providence ou le procès est-il devenu borgne ? Transmission télévisuelle du procès du 17N*]. Athènes: A. Sakkoulas.

—— (dir.) (2005). *I diki tis 17N apo tis stiles ton efimeridon* [*Le procès du 17N à travers les articles de presse*]. Athènes: A. Sakkoulas.

—— (2010). 'Poioi einai oi pragmatikoi apodektes ?' [Qui sont les véritables destinataires ?], *To Vima*, 7 novembre, <https://www.tovima.gr/2010/11/07/opinions/poioi-einai-oi-pragmatikoi-apodektes>, consulté le 8 avril 2018.

Papadakis, K. (2015). 'Tromokratiki organosi i Chrysi Avgi' [L'Aube dorée est une organisation terroriste], *Athens Voice*, 523, 22 avril, <https://www.athensvoice.gr/94823_tromokratiki-organosi-i-hrysi-aygi>, consulté le 9 avril 2018.

Papadatos-Anagnostopoulos, D. (2018). *O Mavrokokkinos Dekemvris: Akra kai Kentro stin exegersi tou 2008* [*Décembre rouge et noir: Les extrêmes et le centre pendant la révolte de 2008*]. Athènes: Topos.

Papaïoannou, K. (1978). *Lénine ou l'utopie au pouvoir*. Paris: Spartacus.

Papanicolaou, G., et Papageorgiou, I. (2016). 'The police and the far right in Greece: A case study of police voting behaviour in Athens', *Crime, Law and Social Change*, 66(4), 397–419.

Papastamos, S., et Prodromitis, G. (2010). *Kratiki kai mi kratiki politiki via: Ta dyo akra tis (an)isorropias tou tromou* [*Violence politique étatique et non étatique: Les deux extrêmes du (dés)équilibre de la terreur*]. Athènes: Pedio.

Paye, J.-C. (2004) 'Lutte antiterroriste: la fin de l'état de droit', *Revue trimestrielle des droits de l'homme*, 57, 61–75.

―― (2011). *L'emprise de l'image: De Guantanamo à Tarnac*. Gap: Yves Michel.
Pechtelidis, Y. (2011). 'December Uprising 2008: Universality and Particularity in Young People's Discourse', *Journal of Youth Studies*, 14(4), 449–462.
Perelman, C. (1999). *Logique juridique: Nouvelle rhétorique*. Paris: Dalloz.
Perrakis, S. (dir.) (2009). *Asfaleia kai dikaiomata tou anthropou: To apotypoma mias dielkistyndas* [*Sécurité et droits de l'homme: L'empreinte d'un bras de fer*]. Athènes: Sideris.
Pierre, J. (1983). *Surréalisme et anarchie*. Paris: Plasma.
Piotte, J.-M. (2010 [1970]). *La pensée politique de Gramsci*. Montréal: Lux.
Pisoiu, D. (2012). 'Pragmatic persuasion in counterterrorism', *Critical Studies on Terrorism*, 5(3), 297–317.
Pohle, R. (1999). *To onoma mou einai anthropos* [*Je m'appelle Homme*]. Trad. A. Pavlou. Pirée: Mavri Lista.
Polytechneio 1995: I exegersi [*École Polytechnique 1995: La révolte*] (2011). Athènes: Anarchiki Archeiothiki.
Poulis, K. (2011). 'Oi midenistes' [Les nihilistes]. In O. Wilde [1883], *Vera, i midenistria* [*Vera; or, The Nihilists*], pp. 33–40. Athènes: Koukkida.
Prentoulis, M., et Thomassen, L. (2014). 'Autonomy and Hegemony in the Squares: The 2011 Protests in Greece and Spain'. In A. Kioupkolis, et G. Katsambekis (dir.), *Radical Democracy and Collective Movements Today: The Biopolitics of the Multitude versus the Hegemony of the People*, pp. 213–234. London: Routledge.
Préposiet, J. (2005). *Histoire de l'anarchisme*. Paris: Tallandier.
Psarras, D. (2014 [2012]). *Aube dorée: Livre noir du parti nazi grec*. Trad. P. Angelopoulos. Paris: Syllepse.
Psychogios, D. (2010). 'Thymata tis kyriarchis ideologias' [Victimes de l'idéologie dominante], *To Vima*, 7 novembre <https://www.tovima.gr/2010/11/07/opinions/thymata-tis-kyriarxis-ideologias>, consulté le 8 mai 2018.
Ramonet, I. (1995). 'La pensée unique', *Le Monde diplomatique*, janvier, <https://www.monde-diplomatique.fr/1995/01/RAMONET/6069>, consulté le 13 avril 2018.
Rayner, H. (2010). 'Protéger, subir et réprimer: la délicate « gestion » du terrorisme par l'État italien durant les « années de plomb »', *Autrement*, 152, 36–49.
Reclus, É. (2009 [1896]). *L'anarchie*. Paris: Mille et une nuits.
Reclus, É., Kropotkine, P., et Bookchin, M. (2015). *Anarchismos kai oikologia: I oikoanarchiki theoria kai drasi apo ton 19° aiona mechri kai simera* [*Anarchisme et écologie: Théorie et action éco-anarchiste du 19ème siècle à nos jours*]. Trad. M.-C. Voutetaki, N. Gouvas, S. Karageorgakis. Athènes: Eftopia.
Réfractions (2006). *Pouvoirs et conflictualités*, 17.
―― (2008). *De Mai 68 au débat sur la postmodernité*, 20.

Reporters Without Borders (2010). 'Unacceptable Police Violence', 9 décembre, <http://en.rsf.org/greece-unacceptable-police-violence-09-12-2010,39000.html>, consulté le 13 avril 2018.

Repubblica, (La) (2012). 'Anarchici informali, due lettere di minacce' [Anarchistes informels, deux lettres de menaces], 16 mai, <https://www.repubblica.it/cronaca/2012/05/16/news/fai_calabria-35258178>, consulté le 3 avril 2018.

Rigopoulou, P. (2010). 'I via erchetai apo psila' [La violence vient d'en haut], *To Vima*, 7 novembre, <https://www.tovima.gr/2010/11/07/opinions/i-bia-erxetai-apo-psila>, consulté le 9 mars 2018.

Rizospastis (2011). 'Emprismos se thriskeftiko choro' [Incendie criminel dans un lieu de culte], 10 mai, <https://www.rizospastis.gr/story.do?id=6236961>, consulté le 21 avril 2018.

Rocker, R. (1985 [1919]). *Anarchisme et organisation*. Paris: Spartacus.

Rouillan, J.-M. (2007). *De mémoire* I. Marseille: Agone.

—— (2009). *De mémoire* II. Marseille: Agone.

—— (2011). *De mémoire* III. Marseille: Agone.

Ruggiero, V. (2010). 'Armed struggle in Italy: The Limits to Criminology in the Analysis of Political Violence', *The British Journal of Criminology*, 50(4), 708–724.

Sakellariou, A. (2003). '« 17 Noemvri »: I organosi' ['17-Novembre': L'organisation]. Mémoire de Master 2. Athènes: Université Panteion.

Sapiera, E., et Theodosiadis, M. (2017). '(Digital) Activism at the Interstices: Anarchist and Self-Organizing Movements in Greece', *Communication, Capitalism & Critique*, 15(2), 505–523.

Sarafianos, D., et Tsaitouridis, C. (2004). 'I yperaspisi tis dimokratias apo tromokratika adikimata kai i proaspisi tis eleftherias apo antitromokratika nomothetimata' [La défense de la démocratie face aux crimes terroristes et la protection de la liberté face aux lois antiterroristes]. In A. Manitakis, et A. Takis (dir.), *Tromokratia kai dikaiomata: apo tin asfaleia tou kratous stin anasfaleia dikaiou* [*Terrorisme et droits: de la sécurité de l'État à l'insécurité juridique*], pp. 159–202. Athènes: Savvalas.

Saul, B. (2005). 'Definition of « Terrorism » in the UN Security Council: 1985–2004', *Chinese Journal of International Law*, 4(1), 141–166.

Schiller, M. (2012 [1999]). *Mia skliri machi me ti mnimi: Mia aftoviografiki existorisi apo ta chronia sti RAF* [*Un dur combat contre l'oubli: Un récit autobiographique de ma participation à la RAF*]. Trad. D. Koufondinas. Athènes: Ipersivirikos.

Schlagheck, D., et Walker, J. (1992). 'Democratizing Nations and Terrorism: The Effect of Political Violence on Civil Liberties', *Current World Leaders*, 2, 287–309.

Bibliographie

Schmid, A. (1992). 'The response problem as a definition problem', *Terrorism and Political Violence*, 4(4), 7–13.

—— (2004). 'Frameworks for Conceptualising Terrorism', *Terrorism and Political Violence*, 16(2), 197–221.

Sebbah, B., Loubère, L., Souillard, N., Thiong-Kay, L., et Smyrnaios, N. (2018). 'Les gilets jaunes se font une place dans les médias et l'agenda politique', 7 décembre, <https://www.lerass.com/wp-content/uploads/2018/01/Rapport-GJlerass.pdf>, consulté le 15 décembre 2018.

Sebbah, B., Souillard, N., Thiong-Kay, L., et Smyrnaios, N. (2018). 'Les gilets jaunes, des cadrages médiatiques aux paroles citoyennes', 26 novembre, <https://www.lerass.com/wp-content/uploads/2018/01/Rapport-Gilets-Jaunes-1.pdf>, consulté le 15 décembre 2018.

O Sergei Netsayef kai oi Rosi nichilistes 1860–1890 [*Serge Netchaïev et les nihilistes russes 1860–1890*] (2001). Athènes: Demon tou typographeiou.

Sevastakis, N. (2008). *Philoxenos midenismos: Mia spoudi ston homo democraticus* [*Nihilisme accueillant: Une étude sur l'homo democraticus*]. Athènes: Hestia.

—— (2009). 'Enas orismenos neoanarchismos' [Un certain néo-anarchisme], *Eleftherotypia*, 11 avril, <http://www.enet.gr/?i=news.el.article&id=34286&ref=search>, consulté le 23 avril 2018.

Sheppard, B. O. (2009 [2003]). 'O anarchismos enantion tou protogonismou' [Anarchism vs Primitivism]. In Alain, C., B. O. Sheppard, J. Zerzan, et L. Zarach, *Anarchismos vs protogonismos, mia diamachi [John Zerzan et la confusion primitive – Anarchism vs Primitivism]*, pp. 39–126. Trad. S. Kourouklis. Athènes: Stasei Ekpiptontes.

Skoulas, E. (2015). 'O rolos ton MME sti diamorfosi koinonikis antilipsis gia tin tromokratia stin Ellada' [Le rôle des médias dans la formation d'une perception sociale du terrorisme en Grèce]. Thèse de doctorat. Athènes: Université Panteion.

Sommier, I. (1998). *La violence politique et son deuil*. Rennes: PUR.

—— (2008). *La violence révolutionnaire*. Paris: Presses de Sciences Po.

Sorvatzioti, D. (2011). *I 'ftochia' tis dikaiosynis* [*La 'pauvreté' de la justice*]. Athènes: Kapsimi.

Sotiris, P. (2013). 'Reading revolt as deviance: Greek intellectuals and the December 2008 revolt of Greek youth', *Interface*, 5(1), 47–77.

—— (2014). 'Greece: Social Unrest against Neoliberalism and Austerity'. In D. Pritchard, et F. Pakes (dir.), *Riot, Unrest and Protest on the Global Stage*, pp. 169–190. London: Palgrave Macmillan.

Spector, M., et Kitsuse, J. I. (1977). *Constructing Social Problems*. Menlo Park: Cummings.

Stampa, (La) (2012). 'Federazione Anarchica Informale (FAI): 10 anni di vita e 40 azioni rivendicate' [Fédération anarchiste informelle (FAI): dix ans de vie et quarante actions revendiquées], 11 mai, <https://www.lastampa.it/cronaca/2012/05/11/news/federazione-anarchica-informale-fai-br-10-anni-di-vita-e-40-azioni-rivendicate-br-1.36477288>, consulté le 4 avril 2018.

Stefanakos, V. (2009). 'To organomeno eglima den paei fylaki' [Le crime organisé ne va pas en prison], *Ethnos*, 28 novembre, p. 23.

Steiner, A. (2008). *Les En-dehors: Anarchistes individualistes et illégalistes à la 'Belle Époque'*. Paris: L'Échappée.

Steiner, A., et Debray, L. (2006). *RAF: Guérilla urbaine en Europe occidentale*. Paris: L'Échappée.

Steinert, H. (2003) 'The indispensable metaphor of war: On populist politics and the contradictions of the state's monopoly of force', *Theoretical Criminology*, 7(3), 265–291.

Steuter, E., et Wills, D. (2008). *At War with Metaphor: Media, Propaganda, and Racism in the War on Terror*. New York: Lexington.

Stirner, M. (1899 [1845]). *L'unique et sa propriété*. Paris: Stock, <http://classiques.uqac.ca>, consulté le 11 avril 2015.

Syspeirosi Anarchikon [Ralliement d'anarchistes] (2011a). 'Zitimata anarchikis theorisis: Epanastatiki prooptiki, antartiko polis kai anarchia' [Questions liées à la vision anarchiste: Perspective révolutionnaire, guérilla urbaine et anarchie] (2ème partie), *Diadromi Eleftherias*, 101, <https://anarchypress.wordpress.com/2011/03/16>, consulté le 3 avril 2016.

—— (2011b). 'Stou kremasmenou to tsardi den milane gia skoini' [On ne parle pas de corde dans la maison d'un pendu], *Diadromi Eleftherias*, 110, <https://anarchypress.wordpress.com/2011/10/21>, consulté le 3 avril 2016.

Telegraph, (The) (2008). 'Nelson Mandela removed from US terror list', 2 juillet, <https://www.telegraph.co.uk/news/worldnews/africaandindianocean/southafrica/2233256/Nelson-Mandela-removed-from-US-terror-list.html>, consulté le 22 avril 2018.

Tharros (2016). 'Ksekina simera i diki tis « Omadas E-EY » gia tromokratia' [Aujourd'hui commence le procès du 'Groupe E-EY', accusé de terrorisme], 6 octobre, <https://www.tharrosnews.gr/news/content>, consulté le 21 décembre 2018.

Théo Cosme (Théorie Communiste) (2009). *Les émeutes en Grèce*. Marseille: Senonevero.

Theodoridis, N. (2004). 'Mia apotimisi tis adikis dikis: i pliris katarrakosi tou kratous dikaiou' [Une évaluation du procès inéquitable: l'effondrement total de l'État de droit], *Theseis*, 87, <http://www.theseis.com/index.php?option=com_content&task=view&id=852>, consulté le 4 avril 2018.

Bibliographie

The Press Project (2014a). 'O « periergos » thanatos tis Katerinas Goulioni' [La mort 'étrange' de Caterina Goulioni], 18 mars, <https://thepressproject.gr/o-periergos-thanatos-tis-katerinas-gkoulioni>, consulté le 24 avril 2018.
—— (2014b). 'The murder of Alexandros Grigoropoulos', 6 décembre, <https://thepressproject.gr/the-murder-of-alexandros-grigoropoulos>, consulté le 22 avril 2018.
—— (2018). 'Ta « fortiga me opla tou Rouvikona » kai ta mythistorimata tou Star' [Les 'vans chargés d'armes pour le groupe anarchiste Rubicon' et les histoires fantaisistes de la chaîne de télévision Star], 25 mai, <https://thepressproject.gr/ta-fortiga-me-opla-tou-roubikona-kai-ta-muthistorimata-tou-star>, consulté le 21 août 2018.
Thompson, K. (1998). *Moral Panics*. London: Routledge.
Tolmein, O. (2007 [1996]). *RAF – Afto itan gia mas Apeleftherosi* [*RAF – Pour nous, c'était la Délivrance*]. Trad. Y. Keloglou. Athènes: Kapsimi.
Tsavdaroglou, C., et Makrygianni, V. (2013). 'Athens Urban Space Riots: From December 2008 Revolt to Mobilizations in the Era of Crisis', *Quaderns-e de l'Institut Català d'Antropologia*, 18(2), 22–39.
Tsfati, Y., et Weimann, G. (2002). 'www.terrorism.com: Terror on the Internet', *Studies in Conflict & Terrorism*, 25(5), 317–332.
Tsilonis, V. (2017). *I dikaiodosia tou Diethnous Poinikou Dikastiriou* [*La compétence de la Cour pénale internationale*]. Athènes: Nomiki Vivliothiki.
Tsoukala, A. (1993). 'Les nouvelles politiques contre le crime organisé en Grèce', *Revue de science criminelle et de droit pénal comparé*, 3, 603–608.
—— (2002). 'Le traitement médiatique de la criminalité étrangère en Europe', *Déviance et société*, 1, 61–82, <https://www.cairn.info/revue-deviance-et-societe-2002-1-page-61.htm>.
—— (2004). 'Democracy Against Security: The Debates About Counterterrorism in the European Parliament, September 2001-June 2003', *Alternatives: Global, Local, Political*, 29(4), 417–439.
—— (2006a). 'La légitimation des mesures d'exception dans la lutte antiterroriste en Europe', *Cultures & Conflits*, 61, 35–50, <https://journals.openedition.org/conflits/2036?lang=en>.
—— (2006b). 'Democracy in the Light of Security: British and French Political Discourses on Domestic Counterterrorism Policies', *Political Studies*, 54(3), 607–627.
—— (2006c). 'Constructing the Threat in a Sports Context: British Press Discourses on Football Hooliganism'. In J. Aquesolo (dir.), *Violence and Sport*, pp. 372–379. Seville: University Pablo de Olavide, <https://www.cafyd.com/HistDeporte/htm/pdf/4-18.pdf>.

—— (2008a). 'Defining Terrorism in the Post-September 11th Era'. In D. Bigo, et A. Tsoukala (dir.), *Terror, Insecurity and Liberty: Illiberal practices of liberal regimes after 9/11*, pp. 49–99. London: Routledge.

—— (2008b). *Security, Risk and Human Rights: A vanishing relationship?*. Centre for European Policy Studies, Special Report, 11 septembre, <https://www.ceps.eu/publications/security-risk-and-human-rights-vanishing-relationship>.

—— (2008c). 'Boundary-creating Processes and the Social Construction of Threat', *Alternatives: Global, Local, Political*, 33(2), 139–154.

—— (2009). 'Terrorist threat, freedom, and politics in Europe'. In P. Noxolo, et J. Huysmans (dir.), *Community, Citizenship and the 'War on Terror': Security and Insecurity*, pp. 71–88. London: Palgrave Macmillan.

—— (2011). 'Timing « dangerousness »: football crowd disorder in the Italian and Greek press', *Sport in Society*, 14(5), 598–611.

—— (2014a). 'Between insurrection and « reformism »: public discourses of twenty-first century Greek armed groups'. In D. Pisoiu (dir.), *Arguing Counterterrorism: New Perspectives*, pp. 95–120. London: Routledge.

—— (2014b). 'La colère sociale en Grèce: une mise en cause substantielle de l'ordre établi ?'. In B. Valade, A. Mouchtouris, E. Letonturier (dir.), *Passions sociales*, pp. 135–158. Paris: Le Manuscrit.

—— (2015). 'Attentats: la surenchère sécuritaire est un piège. Elle menace nos acquis démocratiques', *nouvelobs.com*, 25 novembre, <http://leplus.nouvelobs.com/contribution/1452204-attentats-la-surenchere-securitaire-est-un-piege-elle-menace-nos-acquis-democratiques.html>.

—— (2018). 'L'image contradictoire de l'actuelle guérilla urbaine grecque', *Parlement(s)*, 28, 19–37.

Tvxs (2010). 'Apopeira emprismou se tzami tis Pl. Attikis' [Tentative d'incendie criminel d'une mosquée sur la place Attiki], 1 novembre, <https://tvxs.gr/news>, consulté le 23 mai 2018.

Vaneigem, R. (1992 [1967]). *Traité de savoir-vivre à l'usage des jeunes générations*. Paris: Folio.

Vasilaki, R. (2017). 'We are an image from the future: Reading back the Athens 2008 riots', *Acta Scientiarum*, 39(2), 153–161.

Vauchez, S. H. (2019) 'La fabrique législative de l'état d'urgence en France', *Cultures & Conflits*, 113, 17–41.

Vidali, S. (2009). 'Poios trefei ti via ?' [Qui nourrit la violence ?], *To Vima*, 4 octobre, <https://www.tovima.gr/2009/10/04/opinions/poios-trefei-ti-bia>, consulté le 2 juin 2018.

—— (2010a). 'I politiki tou aimatos, i orgi kai oi aities' [La politique du sang, la rage et les causes], *To Vima*, 25 juillet, <https://www.tovima.gr/2010/07/25/opinions/i-politiki-toy-aimatos-i-orgi-kai-oi-aities>, consulté le 2 juin 2018.

Bibliographie

―― (2010b). 'Plasmatika diexoda se pragmatika adiexoda' [Des issues de secours fictives à des impasses réelles], *To Vima*, 3 novembre, <https://www.tovima.gr/2010/11/03/opinions/plasmatika-dieksoda-se-pragmatika-adieksoda>, consulté le 2 juin 2018.

Viltard, Y. (2001). 'Le cas Mc Carthy : Une construction politique et savante', *Cultures & Conflits*, 43, 13–60.

Vima, (To) (2010a). '« Ti vrike to koritsaki kai tin edose ston adelfo tis »' ['La fillette a trouvé la bombe et l'a donnée à son frère'], 14 avril, <https://www.tovima.gr/2010/04/14/politics/ti-brike-to-koritsaki-kai-tin-edwse-ston-adelfo-tis>, consulté le 26 mai 2018.

―― (2010b). 'Oi 5 megales stratologiseis' [Les cinq grands recrutements], 18 avril, <https://www.tovima.gr/2010/04/18/politics/oi-5-megales-stratologiseis>, consulté le 26 mai 2018.

―― (2010c). 'Tryk kai tachydaktylourgies tis « Sechtas »' [Les astuces et les tours de passe-passe de la 'Secte'], 22 juillet, <https://www.tovima.gr/2010/07/22/politics/trik-kai-taxydaktyloyrgies-tis-sextas>, consulté le 26 mai 2018.

―― (2010d). 'Pos oi anarchikoi piran ta opla' [Comment les anarchistes ont-ils pris les armes], 1 août, <https://www.tovima.gr/2010/08/01/politics/pws-oi-anarxikoi-piran-ta-opla>, consulté le 26 mai 2018.

―― (2010e). 'Oi « Daimonismenoi », o Netsayev kai i « Sechta »' [Les 'Possédés', Netsaïev et la 'Secte'], 1 août, <https://www.tovima.gr/2010/08/01/politics/oi-daimonismenoi-o-netsagef-kai-i-sexta>, consulté le 26 mai 2018.

―― (2010f). 'Ta mystika ton « Pyrinon tis Fotias »' [Les secrets des 'Cellules de feu'], 7 novembre, <http://salamina-press.blogspot.com/2010/11/blog-post_551.html>, consulté le 26 mai 2018.

―― (2010g). 'Tromokrates choris aitia' [Terroristes sans cause], 7 novembre, <https://www.tovima.gr/2010/11/07/opinions/tromokrates-xwris-aitia>, consulté le 26 mai 2018.

―― (2011a). 'Psachnoun opla kai kathodigites' [La police antiterroriste recherche les armes et les meneurs], 15 mars, <https://www.tovima.gr/2011/03/14/society/psaxnoyn-opla-kai-kathodigites>, consulté le 26 mai 2018.

―― (2011b). 'Oi goneis kai ta mora tis tromokratias' [Les parents et les bébés du terrorisme], 16 mars, <https://www.tovima.gr/2011/03/15/opinions/oi-goneis-kai-ta-mwra-tis-tromokratias>, consulté le 26 mai 2018.

―― (2011c). 'I agnosti symmachia « Pyrinon » kai « Epanastatikou Agona »' [L'alliance secrète entre les 'Cellules' et la 'Lutte révolutionnaire'], 6 novembre, <https://www.tovima.gr/2011/11/06/society/i-agnwsti-sy-axia-pyrinwn-kai-epanastatikoy-agwna>, consulté le 26 mai 2018.

―― (2012). 'To makeleio stin Kypro, i ypothesi kokaïnis kai i Sechta Epanastaton' [Le carnage à Chypre, l'affaire de la cocaïne et la Secte des révolutionnaires], 2 juillet, <https://www.tovima.gr/2012/07/02/society/to-makeleio-stin-kyproi-ypothesi-kokainis-kai-i-sexta-epanastatwn>, consulté le 26 mai 2018.

—— (2015). 'Profylakisteoi oi pente ethnikistes tis Kalamatas' [En détention préventive les cinq nationalistes de Kalamata], 27 octobre, <https://www.tovima.gr/2015/10/27/society/profylakisteoi-oi-pente-ethnikistes-tis-kalamatas>, consulté le 2 mai 2018.

—— (2016a). 'EL.AS.: Kinisi epanemfanisis « Sechtas » piso apo ta demata-vomves' [Police: Tentative de réapparition de la 'Secte' derrière les colis piégés], 29 juillet, <https://www.tovima.gr/2016/07/29/society/el-as-kinisi-epanemfanisis-sextas-pisw-apo-ta-demata-bombes>, consulté le 26 mai 2018.

—— (2016b). 'Erotimatika stin EL.AS. gia tin xafniki epideixi ischyos ton Pirinon' [La police s'interroge sur la soudaine démonstration de pouvoir des Cellules], 13 octobre, <https://www.tovima.gr/2016/10/13/society/erwtimatika-stin-el-as-gia-tin-ksafniki-epideiksi-isxyos-twn-pyrinwn>, consulté le 26 mai 2018.

—— (2016c). 'I « OLA », to lathos tou astynomikou kai i vomva ton 10 kilon ANFO kai zelatodynamitidas' [Le 'Groupe des combattants populaires', l'erreur du policier et la bombe de 10kg d'ANFO et de dynamite en gélatine], 12 décembre, <https://www.tovima.gr/2016/12/12/society/i-ola-to-lathos-toy-astynomikoy-kai-i-bomba-twn-10-kilwn-anfo-kai-zelatodynamitidas>, consulté le 26 mai 2018.

—— (2016d). 'Oi 300 anarchikoi pou « kaine » tin Athina' [Les 300 anarchistes qui 'incendient' Athènes], 24 décembre, <https://www.tovima.gr/2016/12/23/society/oi-300-anarxikoi-poy-kaine-tin-athina>, consulté le 26 mai 2018.

—— (2017a). 'ND: « I kyvernisi na egataleipsei tin anochi sti drasi ton anarchikon »' [Nouvelle Démocratie: 'Le gouvernement ne doit plus se montrer tolérant envers les actions des anarchistes'], 11 janvier, <https://www.tovima.gr/2017/01/11/politics/nd-i-kybernisi-na-egkataleipsei-tin-anoxi-sti-drasi-twn-anarxikwn>, consulté le 26 mai 2018.

—— (2017b). 'Oi agnostes erevnes tis EL.AS. gia ta demata-vomves' [Les enquêtes secrètes de la police sur les colis piégés], 19 mars, <https://www.tovima.gr/2017/03/18/society/oi-agnwstes-ereynes-tis-el-as-gia-ta-demata-bombes>, consulté le 26 mai 2018.

—— (2017c). 'Fovoi gia maziki fygi apo tis fylakes gia … ekpaideftikous logous' [On craint une évasion massive des détenus à des fins … éducatives], 19 mars, <http://www.eidisis.gr/ellada/foboi-gia-maziki-fygi-apo-tis-fylakes-gia-ekpaideytikoys-logoys.html>, consulté le 26 mai 2018.

—— (2017d). 'N. Toskas: Ta Exarcheia tha ginoun opos oi ypoloipes geitonies' [N. Toskas, ministre adjoint de la Protection du citoyen: Exarcheia deviendra un quartier ordinaire], 29 mars, <https://www.tovima.gr/2017/03/29/

society/n-toskas-ta-eksarxeia-tha-ginoyn-opws-oi-ypoloipes-geitonies>, consulté le 26 mai 2018.
Vradis, A., et Dalakoglou, D. (dir.) (2011). *Revolt and Crisis in Greece: Between a Present yet to Pass and a Future still to Come*. London: AK Press.
Waever, O. (1995). 'Securitization and Desecuritization'. In R. Lipshutz (dir.), *On Security*, pp. 46–86. New York: Columbia University Press.
Waldron, J. (2003). 'Security and Liberty: The Image of Balance', *The Journal of Political Philosophy*, 2, 191–210.
Washington Post, The (2013). 'Why Nelson Mandela was on a terrorism watch list in 2008', 7 décembre, <https://www.washingtonpost.com/news/the-fix/wp/2013/12/07/why-nelson-mandela-was-on-a-terrorism-watch-list-in-2008>, consulté le 31 mars 2018.
Weimann, G. (2006). 'Virtual Disputes: The Use of the Internet for Terrorist Debates', *Studies in Conflict and Terrorism*, 29(7), 623–639.
Weinberg, L., Pedahzur, A., et Hirsch-Hoefler, S. (2004). 'The Challenges of Conceptualizing Terrorism', *Terrorism and Political Violence*, 16(4), 777–794.
Weissbrodt, D., et Bergquist, A. (2006). 'Extraordinary Rendition: A Human Rights Analysis', *Harvard Human Rights Journal*, 19, 123–160.
Wolff, R. P. (1970). *In Defense of Anarchism*. New York: Harper & Row.
Xiros, S. (2014). *Politiki efthyni [Responsabilité politique]*. Athènes: Konidari.
Zerzan, J. (dir.) (2005). *Against Civilization: Readings and Reflections*. Port Townsend, WA: Feral House.

Index

A
Al-Qaïda 1, 13, 22
 voir aussi islamiste
Aliénation sociale 78-80, 83, 86
Amplification (de la menace) 15, 35-36, 38-39, 55-61, 96-97
Anarchisme
 Individualiste 26, 63-74, 76-89, 93
 Théorie politique 12, 27, 44, 48, 57-59, 65-66, 68, 77, 81-82, 85-86, 93, 95
Anarchistes
 Individus 20, 33, 38, 42, 49, 55, 59-60, 67, 69, 82, 86-87
 Milieux 20, 23, 34, 37, 46, 50, 57-59, 61, 65, 69-70, 82, 94-95, 97
 Organisations/groupes armés 11-12, 38, 60
Anarcho-communisme 26, 63-64, 74-77, 91, 95
Anti-autoritaire
 Idéologie 51, 69, 81
 Individus 20, 47, 50, 52, 54, 59-60, 81-82
 Milieux 23, 34, 46, 50, 52, 54, 59, 65, 69, 73, 82, 95
Antifascisme 26, 63-64, 72-74, 77, 89-91, 95
Antiterroriste
 Législation (art. 187A C.P.) 5-8, 18-21, 24, 37, 88, 97
 Lutte 5, 48, 57, 87
 Police 35, 45, 54, 88, 96
 Politique 4, 6, 8, 22, 98-99

Aube dorée 18-19, 26, 72-73
 voir aussi extrême droite, fascisme, législation antiterroriste

B
Boko Haram 1
 voir aussi islamiste

C
Capital 19, 31, 87-88, 90-91
Capitalisme 4, 10, 19-20, 27, 75-77, 90
Classe
 Politique 10, 15, 18, 22, 24, 48, 56
 Sociale 68, 75-77, 88
Combat 18 Hellas 18-19
 voir aussi extrême droite, fascisme, législation antiterroriste
Consensus 3, 6, 49, 56, 97-98
 voir aussi peur
Consommation (société de) 65, 77-79, 84
Contestation 9, 11, 25, 66, 81, 96
 voir aussi mobilisation sociale, protestation
Continuum
 Idéologique 28, 44-49, 55
 Opérationnel 28, 38, 44-48, 55
 Sécuritaire 48-50, 57, 59, 96
Controverses définitionnelles (violence politique) 2-4, 15-22, 56
Crime organisé 2, 49, 51, 54, 96
 voir aussi délinquance de droit commun, illégalisme

Crise
  Financière 9–12, 26, 40–41, 74, 83, 91–93, 99
  Politique 7, 9–11
  Réfugiés 11, 90

D
Daech 1, 13, 16
  voir aussi islamiste
Délinquance de droit commun 2, 18, 20–21, 38, 49–55, 57–58, 82, 88, 97
  voir aussi crime organisé, illégalisme
Démocratie
  Acquis 4, 7
  Apparences 11, 17, 86
  Démocratisation 26, 94, 97–98
  Régime 4–8, 10–11, 17–19, 27, 56, 86–88, 94–100
  voir aussi droits de l'homme, état de droit, liberté, libertés et droit fondamentaux
Dépolitisation 4, 18, 39–41, 43, 53–54
Désir 13, 52, 65–66, 68, 76–77, 80, 84
  voir aussi hédonisme
Dignité 80–81, 83, 89
  voir aussi valeurs morales
Djihadiste 16, 88
  voir aussi islamiste
Droits de l'homme 11, 74, 87–88
  voir aussi démocratie, état de droit, liberté, libertés et droits fondamentaux

E
Éco-anarchisme 26, 63–64, 76–78, 84–85, 93
Éducation 60
Ennui 79, 83–84
Entente des cellules révolutionnaires 84
Environnement
  Naturel 26, 57, 76, 84
  Social/politique 67, 70, 81

Epsilon EY 20, 37
  voir aussi extrême droite, législation antiterroriste
ETA (Euskadi Ta Askatasuna: Pays basque et liberté) 21, 99
État de droit
  Concept juridique/politique 7, 9
  Défaillance 25–26, 73–74, 86–90, 94–95
  Violation 73, 86–87, 97, 99
  voir aussi démocratie, droits de l'homme, liberté, libertés et droits fondamentaux
État d'urgence 4–5
  voir aussi exception, procès
Exarcheia 34, 58–59, 67
Exception (régime) 5–6, 87
  voir aussi état d'urgence, procès
Existentiel 25, 29, 69, 79, 83, 85, 94
Extrême droite 18–20, 26, 37–38, 57, 90, 98
  voir aussi Aube dorée, Epsilon EY, fascisme, législation antiterroriste
Extrême gauche 11–12, 20, 23, 37–38, 57, 59, 97

F
Fascisme 73–74, 77, 89–90, 95
  voir aussi Aube dorée, Combat 18 Hellas, extrême droite, législation antiterroriste, pogrom
Fédération anarchiste informelle (FAI) 11, 13, 34, 44, 59

G
Gouvernementalité 5–6, 8, 97
  voir aussi liberticide, peur
Groupe des combattants populaires 34
Groupe de contre-attaque révolutionnaire 57, 74

H
Hédonisme 65
  voir aussi désir

Index

I
Illégalisme 50-51
 voir aussi crime organisé, délinquance de droit commun
Illégalité 18, 50, 57-58, 97
 voir aussi continuum sécuritaire
Immédiateté 30, 68, 72, 76-77, 94
Immigration 20, 72-74, 88, 90
Impunité
 Appareil répressif 86-87
 Escadrons d'assaut fascistes 73, 90
Individualisme (social) 12, 28, 40
Injustice 40, 75, 78
Insécurité 5, 8, 39, 55-57, 96-97
 voir aussi peur
Internationalisation (lutte armée) 12-13, 70, 72
 voir aussi solidarité
IRA (Irish Republican Army) 21
Irrationalité (de la menace) 3, 38-44, 96
Islamiste 1, 4, 16, 26, 53-54, 56, 93
 voir aussi djihadiste

J
Justice
 Institutionnelle 7, 10, 22, 35, 88-90
 Populaire 27, 90
 Principe 7, 41, 74-75, 95
 Sociale 9

L
Liberté 4, 6, 8, 45, 52, 56, 59, 61, 66, 68, 75, 83, 86, 89, 97
 voir aussi démocratie, droits de l'homme, libertés et droits fondamentaux, sécurité
Libertés et droits fondamentaux 5-8, 10-11, 56, 74, 86, 97
 voir aussi démocratie, droits de l'homme, liberté, sécurité
Liberticide 7-8, 97
 voir aussi gouvernementalité, peur

Lutte révolutionnaire (LR) 27, 35, 42, 45-47, 53-54, 61, 67-68
 voir aussi Lutte révolutionnaire populaire, Organisation révolutionnaire du 17-Novembre
Lutte révolutionnaire populaire (LRP) 27, 35, 46-47, 81
 voir aussi Lutte révolutionnaire, Organisation révolutionnaire du 17-Novembre

M
Marxisme 27-28, 48, 64, 68, 77
Matérialisme 12, 25, 28, 79, 83
Méandres autonomes nationalistes 18-19
 voir aussi extrême droite, fascisme, législation antiterroriste
Mobilisation/mouvement social·e 9, 12, 23, 25-26, 66-67, 72-73, 75-76, 90, 92, 95
 voir aussi contestation, protestation
Moi (le) 35, 66, 68, 70, 78-79, 94
Mondialisation 12-13
Musulman 3, 21
 voir aussi extrême droite, islamiste, législation antiterroriste

N
Narcissisme 30, 35
Néolibéralisme 12, 25, 75
Néo-terrorisme 23, 28, 38, 40, 42, 45-46, 49, 53, 93
Nihilisme 42-43, 48-49, 69-70, 76, 80, 82, 94

O
Opinion publique 2, 37, 42, 56-57, 88, 96, 99
Ordre établi 9, 23, 25, 28, 70, 93-95, 99
Organisation révolutionnaire du 6-Décembre (6D) 33

Organisation révolutionnaire du 17-Novembre (17N) 27–28, 35, 42, 46–47, 53
voir aussi Lutte révolutionnaire, Lutte révolutionnaire populaire
Organisation révolutionnaire anarchiste Conspiration des cellules de feu (CCF) 12, 26, 30–34, 41, 44–45, 47, 53, 55, 58, 60–61, 66–67, 69, 82–83, 96

P
Passivité sociale 12, 65–66, 68–69, 79, 83
Peur 8, 20, 52, 56–57, 66, 69, 73, 79, 88, 97
voir aussi consensus, gouvernementalité, insécurité, liberticide
Pogrom 72
voir aussi antifascisme, fascisme
Post-anarchisme 65, 95
Postmodernité 25, 57, 94
Primitivisme 77–78
Procès 10, 18, 37, 53, 67, 87–88, 96
voir aussi état d'urgence, exception
Prolétariat 51, 68–69, 75
Protestation 26, 73, 91–92, 95–96
voir aussi contestation, mobilisation

R
Racisme 72, 74, 89–90
Recrutement (de guérilleros) 1, 13, 61
Religion 1, 19–20, 51, 71, 81–82
Révolte
Agir politique 25, 29, 34, 41, 71, 81–82, 94
Grèce (2008) 9, 25–26, 41, 94
Individuelle 70, 83
Niveau international 9
Révolution
Agir politique 46, 58, 65–66, 68–71, 75, 77, 80, 82, 92, 94–95
Sociale 23, 48, 69–70, 75, 77

Révolutionnaire
Caisse 53
Objectif 27, 42, 65, 69, 71, 76, 93, 95, 97
Sujet 49, 65–67, 69

S
Secte des révolutionnaires (SR) 34, 41–42, 44, 47, 54
Sécurité
Bien juridique 6–7, 56
Intérieure 5, 7, 11, 15, 19, 88, 96, 98–99
Publique 2, 4, 28, 31
Sociale 91
voir aussi liberté, libertés et droits fondamentaux
Servitude 75, 80, 92
Solidarité
Nationale 32–33, 49, 67, 69, 88, 90, 96
Internationale 13, 32–22, 44, 70
voir aussi internationalisation
Solitude 66, 69, 78–79, 83, 85
Soumission 52, 56, 76, 79
Spectacle (société de) 12, 35, 66, 78, 83

T
Terrorisme d'État 16–17

U
Utopie 17, 71

V
Valeurs,
Morales 11–12, 28, 65, 70, 78, 80–81, 83, 94
voir aussi dignité
Politiques 2–4, 6–7, 66, 95, 97
voir aussi état de droit, liberté, libertés et droits fondamentaux

Explosive Politics

Edited by Emmanuel Pierre Guittet, research associate at *Centre d'Etudes sur les Conflits, Liberté et Sécurité* (CECLS, Paris) and Julien Pomarède, research associate at the Université Libre de Bruxelles

What causes the breakdown of order and violent conflict? Who are the actors involved? What are the consequences? Violence—its threat, its use, its many often unpredictable consequences—remains an ever-present part of the political landscape throughout the world. *Explosive Politics* is a new series for trenchant and provocative publications, exploring the confines of political violence and conflict, examining how words, acts and actors interact in tumultuous situations and grey areas. Explicitly cross-discipline in its organisation and orientation, the series rigorously explores the contemporary nature of the social, political and cultural dynamics of violence and conflicts in local, national, and global perspectives.

Vol 1: Caroline Guibet Lafaye: Conflit au Pays basque : regards de militants illégaux
ISBN: 978-1-78997-800-1. 334pp. 2020.

Vol 2: Anastassia Tsoukala: Lutte armée grecque contemporaine : des stratégies discursives de (dé)légitimation
ISBN: 978-1-78997-741-7. 156pp. 2021.

www.ingramcontent.com/pod-product-compliance
Ingram Content Group UK Ltd.
Pitfield, Milton Keynes, MK11 3LW, UK
UKHW021834140426
5217IPUK00021B/1438